Gestão de estoques e armazenagem:
perspectivas estratégica, financeira e operacional

Dados Internacionais de Catalogação na Publicação (CIP)
(Simone M. P. Vieira – CRB 8ª/4771)

Sousa, José Meireles de
Gestão de estoques e armazenagem : perspectivas estratégica, financeira e operacional / José Meireles de Sousa. – São Paulo : Editora Senac São Paulo, 2022.

Título original: anteriormente disponível como Série Universitária

Bibliografia.
ISBN 978-85-396-3391-3 (impresso/2022)
e-ISBN 978-85-396-3392-0 (ePub/2022)
e-ISBN 978-85-396-3393-7 (PDF/2022)

1. Administração de materiais 2. Armazenagem e almoxarifado 3. Gestão de estoques I. Título. II. Série

22-1546t CDD – 658.785
BISAC BUS087000

Índice para catálogo sistemático
1. Armazenagem e almoxarifado : Administração de materiais 658.785

José Meireles de Sousa

Gestão de estoques e armazenagem:
perspectivas estratégica, financeira e operacional

Editora Senac São Paulo – São Paulo – 2022

Administração Regional do Senac no Estado de São Paulo

Presidente do Conselho Regional
Abram Szajman

Diretor do Departamento Regional
Luiz Francisco de A. Salgado

Superintendente Universitário e de Desenvolvimento
Luiz Carlos Dourado

Editora Senac São Paulo

Conselho Editorial
Luiz Francisco de A. Salgado
Luiz Carlos Dourado
Darcio Sayad Maia
Lucila Mara Sbrana Sciotti
Luís Américo Tousi Botelho

Gerente/Publisher
Luís Américo Tousi Botelho

Coordenação Editorial
Verônica Pirani de Oliveira

Prospecção
Dolores Crisci Manzano

Administrativo
Verônica Pirani de Oliveira

Comercial
Aldair Novais Pereira

Acompanhamento Pedagógico
Mônica Rodrigues dos Santos

Designer Educacional
Nathália Barros de Souza Santos

Revisão Técnica
Nadye Lino Castaldi Gentil

Coordenação de Revisão de Texto
Janaina Lira

Preparação e Revisão de Texto
AZ Design Arte e Cultura

Projeto Gráfico
Alexandre Lemes da Silva
Emília Corrêa Abreu

Capa
Antonio Carlos De Angelis

Editoração Eletrônica e Ilustrações
Stephanie dos Reis Baldin

Imagens
Adobe Stock Photos

Coordenação de E-books
Rodolfo Santana

Impressão e Acabamento
Visão Gráfica

Editora Senac São Paulo
Av. Engenheiro Eusébio Stevaux, 823 – Prédio Editora
Jurubatuba – CEP 04696-000 – São Paulo – SP
Tel. (11) 2187-4450
editora@sp.senac.br
https://www.editorasenacsp.com.br

Sumário

Nota do editor, 7

Capítulo 1
Estoque, 9

1 Definições de estoque, 11
2 Objetivos do estoque, 14
3 Tipos de estoque, 21
Considerações finais, 26
Referências, 26

Capítulo 2
Planejamento de estoque, 29

1 Demanda média, 30
2 Estoque máximo e estoque mínimo, 35
3 Definição do estoque médio, 35
4 Ponto de pedido e intervalo de ressuprimento, 37
5 Custos de estoque, 40
6 Giro e cobertura de estoque, 44
Considerações finais, 45
Referências, 46

Capítulo 3
Principais métodos de ressuprimento de estoque, 47

1 Lote econômico de compra, 48
2 Sistema de ressuprimento para a demanda dependente, 57
3 Sistema de ressuprimento para a demanda independente, 59
4 Sistemas de controle de estoques, 64
Considerações finais, 67
Referências, 68

Capítulo 4
Principais métodos de avaliação de estoque, 69

1 Sistemas de avaliação de estoques, 70
2 Impacto financeiro da gestão de estoques, 86
Considerações finais, 88
Referências, 89

Capítulo 5
Gestão de estoque, 91

1 Localização dos depósitos, 92
2 Modelos de gestão relacional/colaborativa, 95
Considerações finais, 105
Referências, 105

Capítulo 6
Manuseio e classificação dos materiais, 107

1 Classificação de materiais: catalogação, especificação, normalização, codificação, padronização, identificação, 108
2 Codificação, 116
3 Códigos de barras, 119
4 Inventários: físicos, gerais e rotativos, 123
Considerações finais, 124
Referências, 125

Capítulo 7
Armazenagem, 127

1 Conceito de armazenagem e as funções específicas de um armazém, 128
2 Tipos de instalações físicas de armazenamento, 136
3 Tipos de armazenagem: pública, privada e arrendada, 138
4 Armazenagem virtual, 141
5 Armazenagem de materiais perigosos, 142
Considerações finais, 143
Referências, 144

Capítulo 8
Embalagem, 145

1 Embalagem: funções e tipos, 147
2 Materiais das embalagens, 150
3 Embalagens para armazenagem e transporte, 151
4 Unitização da carga, 153
5 Embalagens para cargas perigosas, 160
6 Símbolos de segurança e proteção, 166
Considerações finais, 166
Referências, 167

Capítulo 9
Movimentação de materiais, 169

1 Princípios básicos de movimentação de materiais, 170
2 Áreas de armazenagem, 173
Considerações finais, 184
Referências, 184

Capítulo 10
Sistemas de informação e indicadores de desempenho, 185

1 Utilização de sistemas de informação no controle de estoque, 186
2 Determinação de indicadores de desempenho, 199
Considerações finais, 203
Referências, 203

Nota do editor

Em um mercado cada vez mais exigente e dinâmico, é essencial uma boa gestão das cadeias de abastecimento para atender às necessidades dos clientes com rapidez e eficiência, sem afetar a rentabilidade da empresa.

No gerenciamento de estoques, o fundamental é que os materiais envolvidos na cadeia estejam em movimentação constante. Como bem ilustra o autor, é como se esses materiais devessem estar em deslocamento contínuo por uma tubulação, sem acúmulos, o que reduz custos de manutenção e minimiza o impacto de alterações que possam ocorrer no mercado.

É justamente visando garantir esse fluxo ininterrupto que esta publicação se estrutura, destacando, nesse processo, o importante papel da informação, que deve ser precisa e estar prontamente disponível para possibilitar a realização de ajustes necessários na produção e na distribuição dos produtos.

O Senac São Paulo, com este lançamento, oferece conteúdo didático sobre processos ligados a estoques e armazenagem, voltado para estudantes e para aqueles que já atuam na área logística, e assim espera contribuir para a formação de profissionais competentes e alinhados às inovações do setor.

Capítulo 1

Estoque

O sucesso e a sustentabilidade de qualquer negócio são consequências da eficiência de sua gestão empresarial. A crescente complexidade dos ambientes em que decorrem os negócios, caracterizada pela imprevisibilidade e dinamismo das mudanças socioeconômicas e pelo aumento da concorrência, leva as empresas a procurarem satisfazer seus clientes com níveis de serviço cada vez mais sofisticados.

O cliente atual espera que suas necessidades sejam satisfeitas de forma imediata, isto é, que o produto que deseja esteja disponível no momento e no local onde vai adquiri-lo. Para garantir a satisfação dos clientes sem prejudicar a rentabilidade, as empresas devem gerenciar suas cadeias de abastecimento eficientemente, minimizando o custo de posse e manuseio de seus estoques – matérias-primas e subsidiárias e produtos acabados – sem alterar o nível de serviço oferecido aos seus clientes. O acúmulo de estoque, em qualquer etapa da cadeia de abastecimento, leva ao aumento do capital investido no processo de fabricação e de comercialização; já uma ruptura de estoque prejudica o processo produtivo ou conduz à falta de produto no mercado. Uma gestão eficiente de estoques otimiza o balanceamento entre essas situações extremas – acúmulo e ruptura de estoques – tendo em vista a satisfação do cliente e a maximização da rentabilidade empresarial.

Analisando os processos de produção e comercialização de maneira sistêmica, pode-se concluir que os estoques condicionam a atividade da força de trabalho e a dinâmica do mercado, o que levará à conclusão de que um nível de estoque elevado (desde que adquirido em condições favoráveis) viabiliza o sucesso empresarial; acúmulos de estoque, por outro lado, ocasionam maiores investimentos em qualquer etapa da cadeia de abastecimento, com consequente aumento de capital de giro e diminuição de rentabilidade; e, dada a atual dinâmica de mercado, que diminui drasticamente o ciclo de vida dos produtos, uma grande quantidade de estoque pode prejudicar a flexibilização da produção, necessária para acompanhar as mudanças nos mercados consumidores.

Uma gestão estratégica de estoques almeja que todos os recursos materiais das cadeias de abastecimento estejam em deslocamento constante e não se acumulem em nenhuma etapa do processo, como se passassem por uma tubulação de maneira contínua, diminuindo, assim, o custo de manutenção de estoques e o prejuízo decorrente de alterações mercadológicas, que, nesse caso, afetariam somente a quantidade de estoque contida na tubulação. No entanto, uma maior fluidez dos estoques dependerá da disponibilidade da informação em tempo real em todas as etapas da cadeia de abastecimento, de forma a permitir ajustar produções e distribuição de produtos com flexibilidade e rapidez, diminuindo custos e otimizando a eficiência empresarial.

Neste capítulo inicial, analisaremos a relação da logística com o estoque e, de forma a fundamentarmos soluções, quais os tipos de estoque que nos permitem reduzir custos na manutenção e na movimentação de materiais, garantido o nível de serviço oferecido aos clientes.

1 Definições de estoque

Com o advento da globalização e a difusão da internet, a informação passa a ser mais facilmente difundida, levando um maior número de empresas a atuarem nos mesmos mercados. Os consumidores aumentam suas exigências, e as empresas, preocupadas em garantir sua sobrevivência, estudam formas de minimizar seus custos sem prejudicar o nível de satisfação dos consumidores.

A logística, que tradicionalmente foi desenvolvida para colocar recursos materiais nos locais onde eles são necessários e no momento em que são desejados, ganha mais atenção pelos gestores empresariais, que enxergam um novo foco para a logística, passando a tratá-la de forma abrangente no contexto da gestão empresarial, de forma a responder pela movimentação de materiais ao longo da cadeia de abastecimento, desde a origem das matérias-primas até a entrega do produto final, além de canalizar informações do mercado para a empresa e de trazer de volta produtos e embalagens inapropriadas para o consumo.

O Council of Supply Chain Management Professionals (CSCMP) define logística como:

> [Um] processo de planejamento, implementação e controle de procedimentos para a eficiência e eficácia no transporte e armazenamento de mercadorias, incluindo serviços e informações relacionadas do ponto de origem ao ponto de consumo com a finalidade de estar em conformidade com os requisitos do cliente. (CSCMP, 2013, p. 116)

Dessa definição sobressaem os vetores fundamentais do objeto da logística: a movimentação de mercadorias e o sistema integrado de informação ao longo da cadeia de abastecimento; e, também, o ponto crítico das operações logísticas: entrega de materiais no local, na quantidade e no prazo acordados com os clientes. Ou seja, deverá haver sincronismo em tempo hábil entre unidades produtivas dependentes do fornecimento, de matérias-primas e componentes e a distribuição e a comercialização dos produtos resultantes da produção, que devem estar disponíveis para os consumidores no local e no momento certos e na quantidade demandada. O processo logístico tem de ser eficiente, o que só será possível se os fluxos de insumos de produtos acabados e de informação integrantes da cadeia de suprimentos forem gerenciados de forma integrada.

> A perspectiva da cadeia de suprimentos integrada muda os arranjos tradicionais dos canais, que deixam de ser grupos com ligações frágeis entre empresas independentes que compram e vendem estoques entre si e passam a ser uma iniciativa administrativamente coordenada para aumentar o impacto no mercado, a eficiência geral, a melhoria contínua e a competitividade. (BOWERSOX *et al.*, 2014, p. 7)

Uma vez analisadas as características dos recursos materiais a serem movimentados e dos meios de transporte utilizados, pode ser necessária a realização de armazenagens intermediárias de insumos e componentes para não interromper processos na cadeia de abastecimento (como expresso na figura 1), tornando inevitável o acúmulo de bens físicos em cada etapa da cadeia de abastecimento. Normalmente, as quantidades entregues são maiores do que as imediatamente necessárias para serem realizadas operações de fabricação, distribuição ou venda; e dessa forma são constituídos os estoques.

Figura 1 – Cadeia de abastecimento responsável pela movimentação dos recursos

Podemos assim definir estoque como o acúmulo de recurso material derivado da falta de coordenação entre a demanda e a oferta em qualquer etapa de um processo de transformação, de comercialização ou de utilização de produtos. Em outra definição, Krajewski *et al.* (2017, p. 343) conceituam estoque como "armazenagem de materiais utilizados para satisfazer a demanda do cliente ou suportar a produção de bens ou serviços". É de salientar que essa definição abrange não somente a produção de produtos, mas também os serviços, como a necessidade de estocar produtos de limpeza em empresas que prestam serviços de portaria e limpeza.

Uma análise sistêmica permite concluir que a formação de estoque resulta da ineficiência do sistema logístico e está diretamente relacionada ao planejamento das operações logísticas, à utilização de fornecedores confiáveis que garantam entregas no prazo determinado, à dinâmica dos mercados, ao equipamento empregado na produção e na movimentação das mercadorias e à necessidade de aquisição de quantidades mínimas de produto.

Além das questões processuais referidas, aspectos econômicos também podem ser responsáveis pela formação de estoques, como os relacionados a aquisições de quantidades mínimas com redução de preço, aquisições especulativas ou anulações de encomendas que se encontrem em processo de fabricação, como expresso no quadro 1.

Quadro 1 – Aspectos determinantes da formação de estoques

ASPECTOS ECONÔMICOS
Aquisição de quantidades com redução de preço
Imposição de quantidades mínimas de aquisição
Anulação de encomendas fabricadas ou em fabricação
Especulação de preço
ASPECTOS PROCESSUAIS
Equipamentos fabris com capacidade de produção diferenciada
Grande variedade de produtos, dificultando o planejamento de produção
Nível de serviço, exigindo disponibilidade de produto
Incerteza no abastecimento

De um ponto de vista econômico, a existência de estoques é fruto de investimento da empresa, pois os estoques têm valor atrelado e características próprias, sendo por isso tratados como ativos empresariais (TADEU, 2016). Ao impactarem o planejamento financeiro e consequentemente a rentabilidade empresarial, requerem da gestão empresarial políticas específicas para cada artigo ou família de artigos armazenados, de modo a otimizar as quantidades a adquirir e o espaço necessário para armazenagem.

2 Objetivos do estoque

A gestão de estoques é realçada como papel fundamental da logística na gestão empresarial, sendo um elemento condicionante das operações empresariais. Variações na quantidade de recursos físicos em circulação na cadeia de abastecimento impactam os custos, seja por excesso de recursos, ao provocarem acúmulos de estoque, ou por escassez, ao impactarem os custos de oportunidade com rupturas no sistema produtivo ou faltas em pontos de venda para atender aos clientes.

Considerando a formação de estoque nos três principais estágios da cadeia de abastecimento – fornecimento de insumos, produção e comercialização – e atendendo ao papel dos estoques nas operações empresariais, pode-se deduzir como principais objetivos da criação de estoques (ROLDÃO; RIBEIRO, 2007):

1. Aumentar a segurança, criando defesas contra as variações na demanda.
2. Manter interdependência entre operações e criar flexibilidade na produção.
3. Criar segurança contra atrasos na entrega por parte dos fornecedores.

O acúmulo de estoque requer não somente aumento do capital investido, mas também espaço, equipamento e pessoal que realize a manipulação e o controle dos materiais, o que também representa custo expressivo, afetando a rentabilidade das empresas e tornando a pressão pela redução de estoque uma constante em processos de gerenciamento empresarial, como expresso na figura 2.

Figura 2 – Pressão pela redução de estoques na cadeia de abastecimento

No que se refere à existência de estoque em qualquer uma das etapas da cadeia de abastecimento, a situação ideal seria que ele não existisse e que a cadeia de abastecimento funcionasse em fluxo contínuo, de forma síncrona, e não na sucessão de etapas não sincronizadas, como ocorre atualmente. O funcionamento da cadeia de abastecimento em fluxo contínuo amorteceria variações de demanda na fase de comercialização, que teria reflexo somente sobre o estoque em movimento, e não em estoques acumulados ao longo de cada etapa da cadeia de abastecimento.

A situação real pressupõe pressão das empresas pela redução de estoque em cada etapa sobre a etapa anterior (como demonstrado pelas setas da figura 2), cabendo à gestão da cadeia de abastecimento desenvolver metodologias que otimizem a eficiência dos fluxos ao longo da cadeia, garantindo a segurança no abastecimento das empresas envolvidas e o nível de serviço acordado com os clientes.

Numa visão mais abrangente, Slack *et al.* (2013, p. 310), ao analisarem o objetivo dos estoques, salientam alguns de seus benefícios na rentabilidade empresarial, afirmando que "a tarefa de gerenciamento de operações é permitir que o estoque se acumule somente quando os benefícios superarem as desvantagens", deduzindo benefícios, como expresso no quadro 2.

Quadro 2 – Benefícios dos estoques

• Segurança contra a incerteza Situações de imprevista oscilação de demanda, como a sazonalidade ou quando fornecedores não apresentam segurança nos prazos de entrega.
• Contrabalancear a falta de flexibilidade Quando o cliente tem várias opções, o estoque deve garantir a satisfação de qualquer uma delas.
• Permitir que as operações tirem vantagem das oportunidades a curto prazo Quando se aproveitam condições de venda mais vantajosas oferecidas por fornecedores.

(*cont.*)

- **Poder ser usado para antecipar demandas futuras**

Acumular estoques para satisfazer no futuro acréscimos sensíveis da demanda, desde que sejam previstos com razoabilidade.

- **Poder reduzir os custos totais**

Por vezes, o preço de grandes quantidades é menor, como no caso da importação de *commodities* adquiridas em pequenas quantidades, com o preço mais elevado em função do maior custo do transporte.

- **Poder aumentar em valor**

Como no caso das adegas de vinho – o vinho é normalmente um produto que tem seu valor aumentado com o passar do tempo.

- **Atender o "canal" de processamento**

Os canais de distribuição têm sua dinâmica própria e, para satisfazerem os clientes finais, necessitam manter estoques.

Fonte: adaptado de Slack *et al.* (2013).

2.1 Estoques e nível de serviço

Um dos propósitos da gestão empresarial é manter o nível de serviço acordado com seus clientes, isto é, oferecer o nível e a qualidade de produtos e serviços que eles esperam e fazê-lo com o menor custo, de modo a criar valor, maximizar a rentabilidade e gerar vantagens competitivas que permitam um desenvolvimento sustentável. O serviço ao cliente é um dos elementos mais poderosos disponíveis para a empresa em busca de vantagem competitiva (CHRISTOPHER, 2010).

O nível de serviço oferecido varia de acordo com as empresas que compõem o sistema logístico, mas de maneira geral é previamente negociado ou assimilado pelos clientes. Ao comprar um móvel na loja para entrega em sua casa, é possível negociar com o vendedor o prazo de entrega e o horário; já a compra de uma refeição por delivery pressupõe uma entrega no prazo de minutos. Provavelmente, a loja não terá o móvel em estoque, mas seguramente o restaurante deverá estocar os produtos necessários à preparação da refeição.

O nível de serviço é um objetivo fixado pela empresa e comporta objetivos de desempenho que a função de estoque deve ser capaz de cumprir. Bowersox e Closs (2001, p. 229) o definem em termos de "tempo de ciclo de pedido, de percentagem de quantidades atendidas ou de qualquer combinação desses objetivos".

O nível de serviço pode ser expresso num acordo de nível de serviço (ANS, ou, em inglês, service level agreement – SLA) que especificará, em termos mensuráveis e claros, quais os serviços e o suporte que o fornecedor terá de oferecer até o final do contrato. A partir daí, são estabelecidos prazos contratuais, metas de nível de serviço e termos de compromisso que ajudam o contratante a monitorar o trabalho realizado pelo contratado.

PARA SABER MAIS

Saiba mais sobre acordos de nível de serviço (SLA – service level agreement) consultando o artigo de Ruggieri (2014), "The Service Level Agreement (SLA)" (O acordo de nível de serviço – ANS).

Pode-se afirmar que a qualidade do serviço está relacionada à habilidade de se minimizarem as discrepâncias entre as expectativas e as percepções de clientes e seus fornecedores. Fleury e Lavalle da Silva (2008) salientam a preocupação das empresas em buscar eficiência no gerenciamento de estoques para cumprirem com o nível de serviço acordado e maximizar sua rentabilidade, constatando as dimensões mais importantes do nível de serviço: a velocidade de reposição das mercadorias e a redução do nível de estoques, referindo-se às seguintes dimensões que compõem o serviço ao cliente:

- Disponibilidade de produto;
- Tempo de ciclo do pedido (tempo entre o pedido e o recebimento);

- Consistência do prazo de entrega (percentual de entregas atrasadas);
- Frequência de entregas;
- Flexibilidade do sistema de entrega (condições especiais de entrega);
- Sistema de recuperação de falhas (motivos de reclamação e número de reclamações atendidas);
- Sistema de informação de apoio (qualidade do atendimento, percentual de solicitações atendidas);
- Apoio na entrega física (apoio ao merchandising, presteza, pontualidade etc.);
- Apoio pós-entrega (percentual dos pedidos que resultaram em solicitações de assistência). (FLEURY; LAVALLE DA SILVA, 2008, p. 91)

Ao estabelecer um acordo de SLA, é importante que a empresa tenha pleno conhecimento de sua capacidade e de seus processos internos. Outro ponto importante é o cliente possuir métricas de avaliação do SLA para diferentes tipos de empresas, isto é, a avaliação deve ser diferente para variados tipos de serviço, como também para diferentes portes de organização.

2.2 O enfoque estratégico dos estoques

A política de estoque condiciona o nível de serviço oferecido e depende de decisões estratégicas que são influenciadas pelos seguintes elementos:

- Metas de empresas quanto ao tempo de entrega dos produtos aos clientes.

- Definição do número de depósitos e/ou almoxarifados e lista de materiais a serem estocados.
- Nível de flutuação de estoques para atender a uma alta/baixa das vendas ou alteração no consumo.
- Definição do ponto em que a empresa poderá especular na compra antecipada ou de maior quantidade.
- Rotatividade dos estoques que a empresa julga ser ideal.

A variação do nível de estoque resultante das políticas adotadas pela empresa influencia o capital de giro e o nível de serviço oferecido, conforme representado na figura 3.

Figura 3 – Impacto dos estoques na rentabilidade empresarial

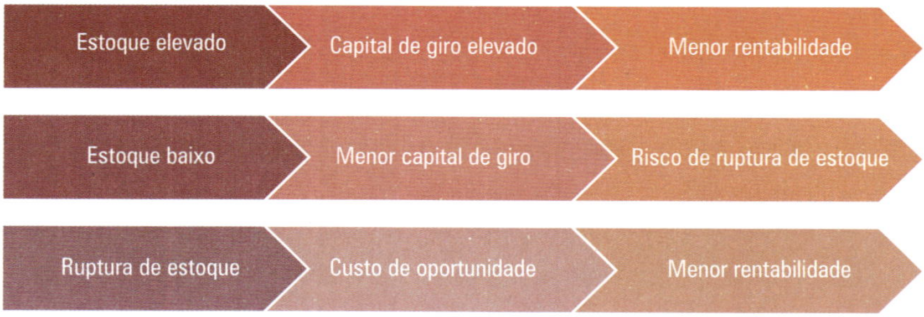

Pode-se, assim, relacionar a posse de estoque com a rentabilidade da empresa. De acordo com a figura 4, conclui-se que um excesso ou ruptura de estoque pode impactar negativamente a rentabilidade da empresa.

Figura 4 – Estoques e rentabilidade empresarial

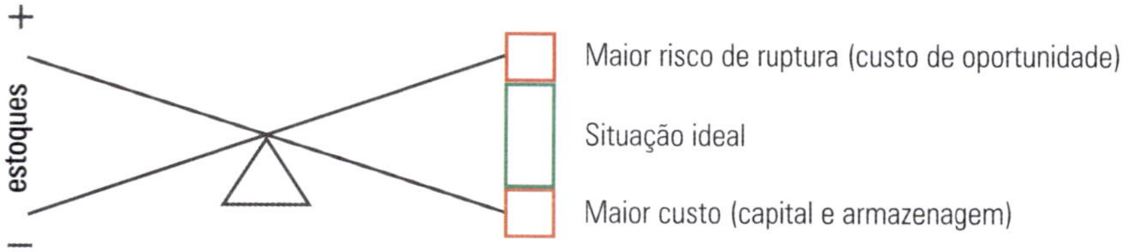

A gestão de estoques deve preocupar-se fundamentalmente com a redução dos estoques em todas as etapas do canal de distribuição sem criar rupturas de estoque, mas também deve aproveitar os benefícios do mercado, como preço e condições de venda para acumular estoques, desde que a relação custo/benefício seja favorável. Planejamentos eficientes apoiados em sistemas de informação gerenciais e em processos de inteligência de mercado, além da utilização de técnicas de marketing, de forma a garantir a fluidez no canal de abastecimento, são ferramentas de gestão fundamentais para a garantia dos níveis de serviço acordados com os clientes e a maximização da rentabilidade.

3 Tipos de estoque

Segundo Krajewski *et al.* (2017), os estoques podem ser classificados em estoques contábeis e operacionais, como referido no quadro 3. A categorização para fins contábeis permite segregar estoques por processo e estruturar os respectivos custos; já a tipificação operacional ajuda na elaboração de políticas de estoques e no planejamento logístico.

Quadro 3 – Tipificação de estoques

ESTOQUES CONTÁBEIS
Matérias-primas
Material auxiliar
Estoque de manutenção (MRO)
Trabalho em processo (WIP – work in process)
Produtos acabados

(*cont.*)

ESTOQUES OPERACIONAIS
Estoque básico
Estoque de segurança
Estoque de antecipação
Estoque em trânsito
Estoque em dropshipping
Consignação

Fonte: adaptado de Krajewski *et al.* (2017).

Os tipos de estoque categorizados para fins contábeis podem ser tipificados da seguinte maneira:

- **Estoque de matéria-prima:** são materiais que vão sofrer uma transformação mediante um processo produtivo para a composição de um novo produto, como tecido em fábrica de vestuário, farinha para fabricação de biscoito ou chips para celulares.
- **Estoque de material auxiliar:** são materiais que sofrem desgaste em função da produção de bens que estão diretamente ligados ao processo produtivo, mas que não estão agregados fisicamente ao que se está produzindo, como óleo utilizado em corte para usinagem ou graxa para lubrificação de maquinário.
- **Estoque de manutenção:** é o estoque de materiais de apoio ao processo produtivo, também chamados de materiais indiretos ou materiais de manutenção, reparo e operações (MRO), como é o caso de:
    - Materiais de manutenção: necessários às rotinas fabris, material de limpeza, lâmpadas, toalhas de papel ou ferramentas manuais, instrumentos de teste, etc.

    - Materiais de reparo: utilizados em reparos comuns, como soldas, parafusos, fitas isoladoras, disjuntores, etc.
    - Materiais de operação: itens utilizados diretamente na operação, como equipamentos de proteção individual (EPIs), ferramentas de corte, equipamento de movimentação e armazenagem e equipamento para soldar ar comprimido.
- **Estoque de materiais em processo ou work in process (WIP):** materiais que já começaram a ser processados, mas ainda têm de passar por etapas subsequentes de processamento, incluindo matérias-primas e componentes liberados para a produção e para produtos finais, que aguardam inspeção.
- **Estoque de produtos acabados:** estoque dos produtos finais do processo produtivo armazenados em instalações fabris, distribuidores ou varejo.

Ao se classificarem estoques com fins contábeis, deve-se levar em conta que produtos que são categorizados de uma forma em determinada empresa podem ser classificados de forma diferente em outra. Um tecido ou um parafuso podem ser um produto acabado numa empresa têxtil ou metalúrgica e matéria-prima ou material MRO numa empresa de confecção de vestuário ou numa montadora de equipamentos elétricos.

A categorização com fins contábeis permite relacionar estoques à natureza da demanda. Matérias-primas e materiais em processo são de demanda dependente de algum fator conhecido e estão diretamente relacionadas à atividade produtiva, portanto sua demanda é previsível. Produtos acabados são itens de demanda independente de qualquer fator conhecido, pois estão dependentes de variações de mercado; portanto sua demanda é menos previsível.

NA PRÁTICA

Uma loja que comercializa camisetas de um time de futebol prestes a jogar uma partida decisiva para conquistar o título não terá certeza de quantas camisetas poderá vender após o jogo. Em consequência, poderá encomendar e estocar um volume extra de camisetas para se prevenir no caso de o time conseguir ser campeão. Esse é um caso de demanda independente que requer uma análise de "previsão de demanda". O fabricante das camisetas pode calcular exatamente a quantidade de insumos que necessita para fabricar essa encomenda; trata-se de uma demanda dependente que deve ser calculada, e não prevista, podendo como tal ser planejada.

Os estoques podem ser tipificados pela forma como são estruturados e planejados nas operações das empresas da seguinte maneira:

- **Estoque básico:** porção do estoque total que é reposta periodicamente. O período entre reposições deverá ser igual à demanda desse período. Quanto mais longo for o intervalo entre reposições, maior será o estoque básico. Funciona com exatidão, em condições de demanda constante.

- **Estoque de segurança:** utilizado para precaução contra atrasos nas entregas. O nível do estoque de segurança é determinado pela política de estoque da empresa e impacta diretamente a rentabilidade, pois um elevado estoque de segurança garante continuidade nas operações em face a uma descontinuidade de abastecimento, mas aumenta o capital investido e consequentemente diminui a rentabilidade do negócio; já um estoque de segurança reduzido pode gerar custos de oportunidade e diminuir a rentabilidade do negócio.

  Não existe uma formulação única para determinação do estoque de segurança; no entanto, cada empresa utiliza um fator de segurança com o qual deseja se proteger contra a ruptura, que na prática significa colocar o pedido antes que o produto se faça necessário. Esse tema será analisado no próximo capítulo.

- **Estoque de antecipação:** utilizado pelas empresas para suportar oscilações previsíveis da demanda, como sazonalidade, algum evento específico ou uma greve anunciada. Esse tipo de estoque, baseado em previsão e que resulta de demanda irregular, pode gerar elevados custos se as previsões não se verificarem. Em muitos setores, procura-se mitigar os riscos dessa situação com processos de abastecimento imediato, como é o caso dos sistemas de *fast fashion* (moda rápida) utilizados no varejo de vestuário, apoiado em sistemas de resposta rápida (*quick response*) utilizados pelos produtores para ajustarem a produção de diferentes estilos, tamanhos e cores em resposta às vendas do varejo durante a estação.

- **Estoque em trânsito:** são os estoques que já foram despachados pelos fornecedores, mas ainda não chegaram ao seu destino. Estão contidos em meios de transporte (navios, caminhões, aviões ou trens). Alguns autores, como Krajewski *et al.* (2017), consideram como estoque em trânsito aquilo que foi pedido, mas ainda não foi recebido.

- **Estoque em dropshipping:** nesse caso, o vendedor não tem produtos em estoque, pois serve-se do estoque do fabricante para vender em negócios digitais do tipo B2B ou B2C. É um dos tipos de estoque mais utilizados na atualidade pelas maiores empresas mundiais de distribuição, como a Amazon ou o Alibaba, e, no Brasil, pelas empresas de *e-commerce*.

- **Estoque consignado:** em posse de clientes, mas cuja propriedade ainda pertence ao fabricante, como no caso das livrarias que recebem dos editores livros para comercialização que, se não forem vendidos no prazo determinado contratualmente, são devolvidos.

Além desses tipos de estoque, as empresas consideram estoque inativo o composto por itens obsoletos, que já não são utilizados nos últimos tempos ou que já ultrapassaram o prazo de validade. Muitas empresas utilizam canais de distribuição específicos para escoamento desse tipo de estoque.

Considerações finais

Como parte integrante de qualquer processo produtivo, o estoque é elemento fundamental na rentabilidade empresarial não somente pelo capital investido na sua aquisição como também pela manutenção do espaço que ocupa nas instalações de qualquer empresa. Um estudo abrangente sobre estoques deve ser realizado não só na perspectiva logística, referente à movimentação de recursos físicos ao longo das cadeias de abastecimento, mas também no aspecto contábil, entendendo o impacto dos custos e dos benefícios da posse de estoques na rentabilidade das empresas. Dada a variedade das modalidades de negócio e das características de recursos físicos utilizados pelas empresas, foram tipificados recursos para melhor se entenderem estratégias e operações que serão desenvolvidas nos próximos capítulos.

Referências

BOWERSOX, D. J.; CLOSS, D. J. **Logística empresarial**: o processo de integração da cadeia de suprimento. São Paulo: Atlas, 2001.

BOWERSOX, D. J. *et al.* **Gestão logística da cadeia de suprimentos**. Porto Alegre: AMGH, 2014.

CHRISTOPHER, M. **Logística e gerenciamento da cadeia de suprimentos**. São Paulo: Cengage Learning, 2010.

COUNCIL OF SUPPLY CHAIN MANAGEMENT PROFESSIONALS (CSCMP). **CSCMP Supply Chain Management Definitions and Glossary**. 2013. Disponível em: https://cscmp.org/CSCMP/Educate/SCM_Definitions_and_Glossary_of_Terms.aspx. Acesso em: 1º mar. 2021.

FLEURY, P. F.; LAVALLE DA SILVA, C. R. Avaliação do serviço de distribuição física: relação entre a indústria de bens de consumo e o comércio atacadista e varejista. *In*: FLEURY, P. F.; WANKE, P. ; FIGUEIREDO, K. F. **Logística empresarial**. São Paulo: Atlas, 2008.

KRAJEWSKI, L. *et al*. **Administração de produção e operações**. São Paulo: Pearson Prentice Hall, 2017.

ROLDÃO, V. S.; RIBEIRO, J. S. **Gestão das operações**: uma abordagem integrada. Lisboa: Monitor, 2007.

RUGGIERI, R. The Service Level Agreement (SLA): o acordo de nível de serviços. **Administradores.com**, 17 dez. 2014. Disponível em: https://administradores.com.br/artigos/the-service-level-agreement-sla-o-acordo-de-nivel-de-servico. Acesso em: 1º mar. 2021.

SLACK, N. S. *et al*. **Gerenciamento de operações e processos**. 2. ed. Porto Alegre: Bookman, 2013.

TADEU, H. F. **Gestão de estoques**. São Paulo: Cengage Learning, 2016.

Capítulo 2

Planejamento de estoque

Como elemento essencial aos processos transformadores, os estoques têm de estar presentes em todas as etapas da cadeia de abastecimento: uma ausência de estoque provocará rupturas nos processos de transformação ou de comercialização. Por outro lado, um excesso de estoque, embora garanta a continuidade dos processos produtivos e comerciais, representa um estorvo pelo espaço que temporariamente ocupa, uma diminuição da rentabilidade pela necessidade do capital de giro necessário à sua manutenção e eventual obsolescência, pela não utilização em tempo hábil, devido a excessos não utilizados.

São diversas as variáveis que determinam o nível ideal de estoques que cada empresa deverá preservar, de modo a garantir, simultaneamente, a não interrupção da cadeia de abastecimento e otimizar o capital de giro envolvido no negócio. O propósito de qualquer empresa é satisfazer de maneira eficiente as necessidades de seus clientes, o que só é possível se as cadeias de abastecimento funcionarem com fluidez, garantindo que cada etapa dos processos transformadores e comerciais tenham disponibilizados os insumos e os produtos na quantidade e na qualidade compatíveis com o nível de serviço acordado com os clientes.

Dessa forma, o monitoramento dos níveis de estoque, o relacionamento das empresas com seus fornecedores, o tipo de estratégia empresarial condicionada pelo nível de serviço acordado e a localização da empresa em relação a seus clientes e fornecedores são variáveis fundamentais que asseguram a eficiência da gestão empresarial. Elas serão analisadas neste capítulo, pois devem estar presentes nos processos de planejamento de estoque.

1 Demanda média

O funcionamento de qualquer empresa depende da continuidade do recebimento dos insumos demandados necessários ao seu funcionamento e do escoamento programado da produção dependente da demanda do mercado, tornando a previsão da demanda vital para a empresa, na medida em que "proporciona a entrada básica para o planejamento e controle de todas as áreas funcionais, entre as quais logística, marketing, produção e finanças" (BALLOU, 2007, p. 242).

O conhecimento exato das demandas dos clientes configura o que se designa como demanda dependente, como no caso de encomendas programadas de produtos acabados ou da demanda interna em processos de produção contínua. Como a demanda dependente pode ser controlada pela empresa, é possível realizar um planejamento de estoque mais assertivo com relação às quantidades que devem ser adquiridas e ao nível de estoque que deve ser mantido; já a demanda de itens em estoque sem programação definida de entrega é principalmente influenciada por fatores exógenos, sendo designada como demanda independente.

São exemplos de demanda dependente os componentes utilizados na produção programada de outros produtos, como é o caso de compressores, evaporadores e termostatos utilizados na fabricação de geladeiras. Calçados, artigos de vestuário ou produtos de limpeza são exemplos de itens de demanda independente.

A formulação de um planejamento de estoques pressupõe a determinação da quantidade e do tempo de armazenagem dos itens necessários às operações da empresa, o que por sua vez depende da previsão de demanda, que está relacionada ao consumo e que pode apresentar uma evolução horizontal, oblíqua (ascendente, descendente) ou sazonal.

A evolução horizontal do consumo ocorre em situação de demanda constante e protegida de impactos do ambiente mercadológico, como no caso de demanda por insumos para produção de óleo alimentar; já em lançamento de novos produtos, a demanda tende a evoluir de forma ascendente, e em produtos aproximando-se do final do ciclo de vida evoluirá de forma descendente. Tratando-se de comercialização de produtos consumidos sazonalmente, como brinquedos, a demanda oscilará significativamente em determinados períodos.

Uma previsão de demanda facilitada pela identificação do tipo de evolução do consumo possibilita o conhecimento da demanda média e consequentemente permite determinar o estoque médio, elemento necessário à formulação do planejamento de estoques. É com base no estoque médio que é calculado o tamanho do armazém projetado e seu respectivo leiaute e identificados os equipamentos de movimentação necessários e a quantidade de porta-paletes ou prateleiras que serão utilizados (PAOLESCHI, 2014).

As previsões de demanda independente são baseadas no mercado consumidor, impactam toda a cadeia de abastecimento e devem ser analisadas relativamente à evolução do consumo segundo duas óticas distintas: referente à evolução espontânea do mercado, ou seja, os fenômenos que a empresa não controla, mas que podem influenciá-la, ou ações pontuais de marketing, que estimulam a demanda.

A previsão da demanda pode ser realizada de forma qualitativa, com base em opinião de especialistas ou interessados no setor de atividade ou quantitativamente, utilizando técnicas estatísticas, podendo os métodos de previsão de demanda serem categorizados em métodos qualitativos e quantitativos:

- Métodos qualitativos são subjetivos e baseiam-se na opinião de especialistas. São exemplos desses métodos: opiniões de peritos, perguntando a pessoas reputadas num determinado domínio sua opinião sobre o que vai se passar no futuro; pesquisa de intenções de compra, questionando consumidores por meio de um inquérito quais as suas intenções de compra; opiniões dos vendedores, consultando vendedores de forma a prever as vendas da empresa (esse método somente deve ser aplicado em previsões de curto prazo); método Delphi, em que um conjunto de especialistas responde a um questionário enviado por um coordenador, que, posteriormente, preparará um relatório com o resumo estatístico das respostas e argumentação para assuntos específicos, remetendo-o de novo aos especialistas para nova rodada (o processo repete-se até que se chegue a um consenso).
- Métodos quantitativos extrapolam tendências observadas no passado usando dados precisos e confiáveis e utilizam técnicas estatísticas mais ou menos sofisticadas. São exemplos desses métodos:
    - Médias móveis em que a previsão x' se obtém calculando a média dos períodos anteriores. Por exemplo:

$$x' \text{ (previsão)} = \frac{\text{D (janeiro)} + \text{D (fevereiro)} + \text{D (março)}}{3}$$

Em que D = demanda mensal por período.

- Alisamento exponencial, ou método da média com ponderação: metodologia semelhante ao método das médias móveis, distinguindo-se pelo fato de se atribuir aos valores observados no cálculo uma ponderação que será tanto maior quanto mais recentes forem esses valores. O valor da ponderação, ou coeficiente de alisamento, que traduz o peso relativo em função da antiguidade, está compreendido entre zero e um. Como exemplo de aplicação do método, considerando: X_t-1 (previsão do último período); α (coeficiente de alisamento – variação percentual atribuída ao padrão de consumo); X_t (consumo registrado no último período), a previsão de consumo para o próximo período X_t pode ser determinada pela equação:

$$X_t = \alpha X_t + (1 - \alpha) \times X_t - 1$$

Na equação é considerado o valor (1 – α) como variação aleatória.

- Métodos de regressão linear: na presença de uma nuvem de pontos representativos, como na evolução das vendas anuais, demonstrada no gráfico 1, a regressão permite encontrar uma reta, designada como reta de regressão, de tal modo que as distâncias de cada ponto à reta sejam mínimas. Essa linha reta (reta de regressão) pode ser representada pela equação y = at + b. Essa equação mostra que, para cada período t (variável independente), as vendas x (variável dependente) oscilam "a" em cada período. Normalmente, inclui-se na análise de regressão um coeficiente de correlação r^2 que varia entre 0 e 1 e que indica o grau de correlação entre as variáveis x e y ($r^2 = 1$ significa que as variáveis dependente e independente correspondem perfeitamente).

Gráfico 1 – Exemplo de uma reta de regressão

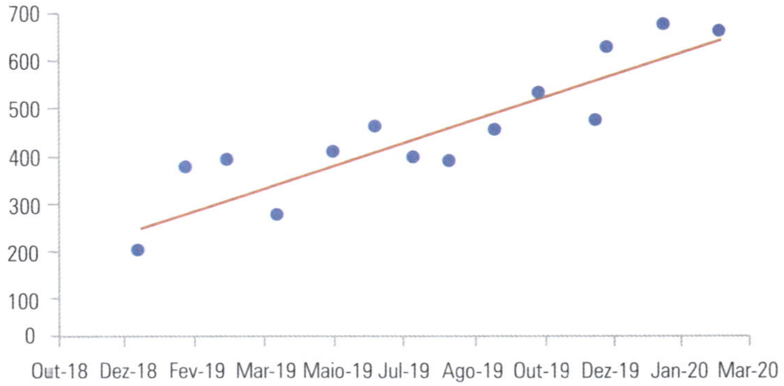

PARA SABER MAIS

Aprofunde o estudo sobre métodos de previsão de demanda acessando a dissertação de Lemos (2006), em que são apresentados métodos quantitativos e qualitativos de previsão e uma metodologia que permite relacionar cada método a uma determinada situação.

Em certas situações, como na venda de materiais de construção ou de produtos que estão saindo de linha de produção, a demanda é irregular e pode levar a empresa a armazenar estoque de antecipação em períodos de demanda baixa, de modo que os níveis de estoque não tenham de ser muito aumentados quando a demanda atingir o ponto máximo (KRAJEWSKI *et al.*, 2017); nessas situações, é difícil prever padrões de demanda com a utilização dos métodos de previsão mais comuns, o que pode levar as empresas a aumentarem estoques para assegurar níveis de serviço.

2 Estoque máximo e estoque mínimo

O acúmulo do estoque nas cadeias de abastecimento é uma preocupação empresarial, pois gera custo refletindo-se na rentabilidade da empresa; mas a não existência de estoque provocará rupturas no abastecimento e inibirá a receita ao não abastecer as demandas dos clientes. Para a empresa, a solução ideal seria a substituição de estoque pelo recebimento de insumos, componentes ou produtos no momento em que fossem solicitados, o que é difícil de realizar tendo em vista as distâncias entre empresas fornecedoras e clientes, tornando inevitável a formação de estoques em todas as etapas da cadeia de abastecimento.

Cabe às empresas ajustarem seus níveis de estoque ao nível de serviço que acordaram com seus clientes para garantirem eficiência no abastecimento, independentemente de oscilações nas entregas de seus fornecedores.

O estoque mínimo, também designado de estoque de segurança (ES), é a quantidade mínima de produto em estoque que garante o funcionamento normal da empresa, protegendo-a contra atrasos nos fornecimentos, alterações no programa de produção ou oscilações no consumo. O estoque máximo ($E_{máx}$) é o que resulta do lote de fornecimento ou quantidade encomendada somado ao estoque de segurança, quando este existir.

3 Definição do estoque médio

Uma vez que os fornecimentos são realizados em lotes, os estoques oscilam e o controle do nível de estoque poderá ser realizado, atendendo ao estoque médio em posse da empresa durante um tempo determinado.

Segundo Bowersox *et al.* (2014, p. 229), "estoque médio compreende a quantidade de materiais, componentes, estoque em processo e produtos acabados normalmente mantida em estoque" e que é constituída pelo estoque básico, pelo estoque de segurança e pelo estoque em trânsito. Estes apresentam as seguintes características:

- **Estoque básico:** também designado como estoque cíclico em processos de reposição cíclica, conforme o gráfico 2, corresponde ao lote de suprimento do estoque e representa a porção do estoque médio que se recompõe pelo processo de ressuprimento. Na ausência de estoque de segurança, o estoque médio corresponde à metade do lote de ressuprimento.

Gráfico 2 – Nível de estoque em ciclos de desempenho constantes

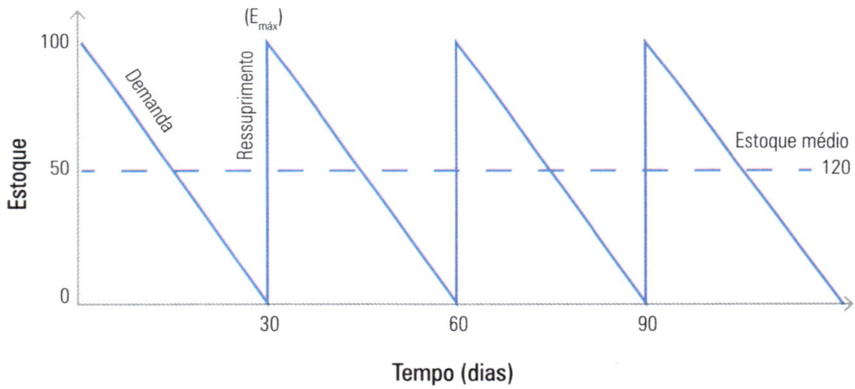

- **Estoque de segurança:** porção de estoque que a empresa acumula, de modo a garantir a continuidade da produção e o cumprimento dos prazos de entrega. O nível do estoque de segurança (gráfico 3) corresponde ao estoque mínimo definido pela empresa e depende do nível de serviço acordado e das características específicas dos produtos.

Gráfico 3 – Nível de estoque com estoque de segurança

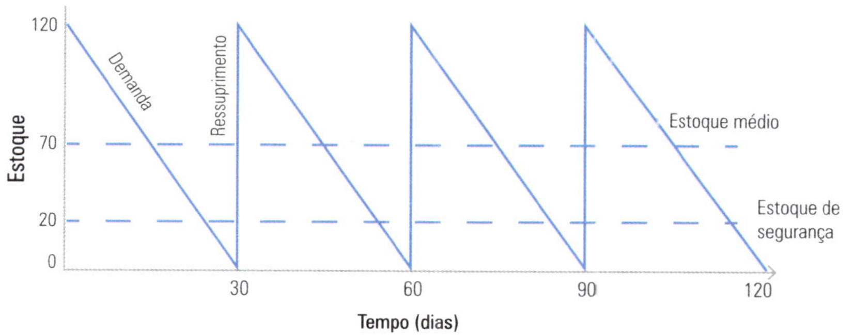

Quando existe necessidade de estoque de segurança, o estoque médio é igual à metade do lote de suprimento mais o estoque de segurança. Ao compararmos os gráficos anteriores e mantendo-se inalterado o lote de suprimento, verificamos que o estoque médio aumenta quando é considerado o estoque de segurança.

- **Estoque em trânsito:** estoque que se encontra em movimentação para ser entregue e que depende do tempo de transporte das mercadorias de um local a outro. Somente é considerado no cálculo do estoque médio do cliente quando a propriedade lhe for transferida pelo fornecedor. Por vezes, como em importações de produtos agrícolas (fertilizantes, milho, trigo, etc.), o período de trânsito entre a origem e o destino é longo e os volumes transacionados são elevados, assim como o capital envolvido no negócio, o que tem impacto negativo na rentabilidade da empresa compradora sobretudo se a transferência de propriedade for realizada na origem.

4 Ponto de pedido e intervalo de ressuprimento

Ao formularem políticas de gestão de estoques, as empresas estabelecem "normas sobre o que comprar ou produzir, quando encomendar e quais as quantidades, na tomada decisões de localização e na alocação de estoque em fábricas e centros de distribuição" (BOWERSOX; CLOSS, 2001, p. 228), que para serem eficientes pressupõem uma racionalização de estoques, exigindo dos gestores planejamentos rigorosos enquadrados em níveis de serviço acordados e função de previsões de demanda, de custo de estoque, de tempo de produção e do tempo de ressuprimento, também designado de *lead time* de fornecimento, que é o tempo decorrido entre o momento do pedido até a chegada do produto.

A definição de uma política de gestão de estoques implica responder a duas questões fundamentais, "Quando encomendar?" e "Quanto encomendar?", de maneira a minimizar custos e satisfazer o cliente.

Para determinar quando encomendar, faz-se necessário, conforme o gráfico 4, definir o ponto de pedido (Pp), isto é, qual o nível de estoque que deve desencadear um processo de encomenda, de forma a repor estoque sem prejuízo do funcionamento normal e evitar a utilização do estoque de segurança. O intervalo de tempo entre dois ressuprimentos designa-se como intervalo de ressuprimento (IR), e o período decorrido entre o momento do pedido até a chegada do produto designa-se como tempo de ressuprimento (TR) ou *lead time* de fornecimento.

Gráfico 4 – Ponto de pedido e intervalo de ressuprimento

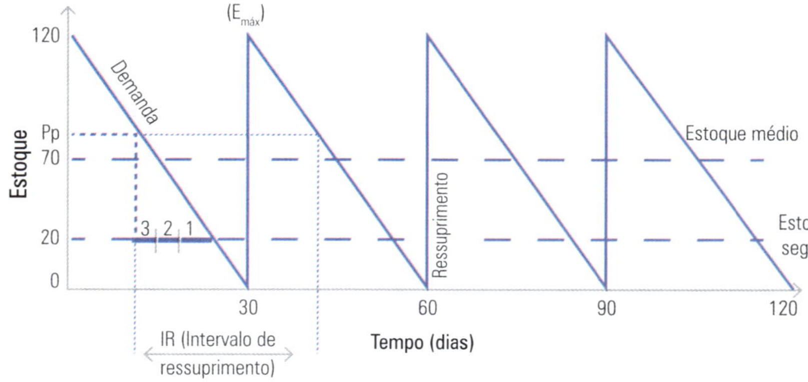

Considera-se o tempo para:

1. Emissão do pedido.
2. Preparação do pedido.
3. Transporte desde o fornecedor até o recebimento.

Como exemplo, suponhamos que uma peça é consumida à razão de 30 unidades a cada mês, seu tempo de reposição é de dois meses e a empresa mantém um estoque de segurança igual a um mês de consumo. O ponto de pedido pp deverá ser calculado:

Pp = D × TR + ES = 30 × 2 + 30 = 90 unidades

Em que:

Pp – Ponto de pedido em unidades

IR – Intervalo de ressuprimento

D – Demanda diária

TR – Tempo de ressuprimento ou *lead time* de fornecimento, em dias

ES – Estoque de segurança

Em caso de reposições cíclicas, pode-se relacionar a demanda com o tamanho do lote e ajustar-se o tempo de ressuprimento (gráfico 5), de forma a não alterar o estoque médio, mantendo o custo de manutenção de estoque.

Gráfico 5 – Intervalo de ressuprimento (IR) em estoque cíclico

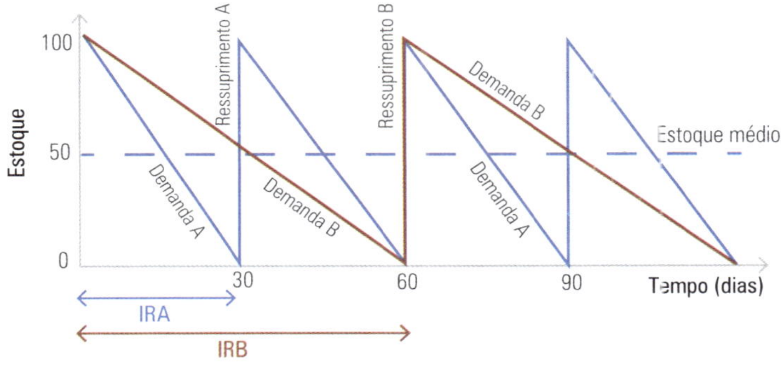

O intervalo de ressuprimento (IR) leva em consideração a quantidade por pedido (tamanho do lote de pedido); a alteração do tamanho do lote em reposições cíclicas (gráfico 6) modifica o estoque médio e o intervalo de ressuprimento, refletindo-se no custo de manutenção de estoque e no intervalo de ressuprimento.

Gráfico 6 – Reflexo da diminuição do lote de ressuprimento no estoque médio

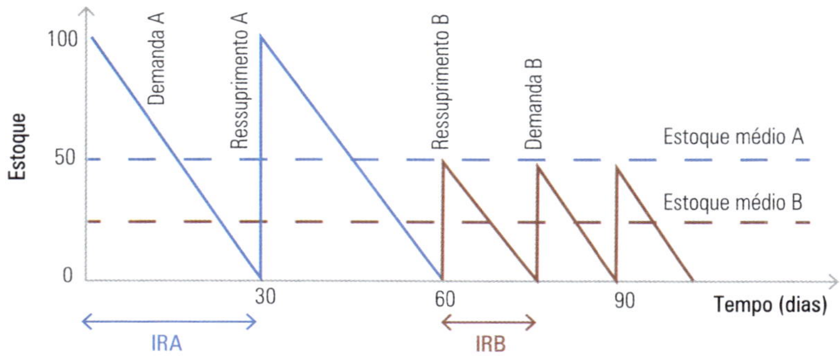

Nos exemplos apresentados, na determinação do ponto de pedido, considerou-se que a demanda é constante e conhecida e que os fornecedores cumprem os prazos de entrega, o que nem sempre se verifica. Situações de demanda e/ou oferta aleatória serão estudadas no próximo capítulo.

5 Custos de estoque

Uma política de ressuprimento de estoques deverá minimizar os custos envolvidos nas operações com que está relacionada, pois o investimento em estoque não é o único custo associado ao gerenciamento de estoques, devendo ainda ser considerados o custo de posse do estoque (custo do espaço de armazenagem e custo do investimento no estoque) e o custo da encomenda (custo do pedido).

5.1 Custo de posse do estoque

O custo de posse do estoque representa o custo em que a empresa incorre pelo fato de armazenar produtos durante um período e inclui o custo de armazenar o estoque, o custo de oportunidade de capital (investido na aquisição) e o custo de obsolescência.

O custo de armazenagem, como expresso no quadro 1, é proporcional à quantidade e ao tempo de permanência do estoque. É o somatório dos seguintes valores:

- custos com pessoal (salários, encargos sociais);
- custos de edificação (amortização ou aluguel das instalações físicas, impostos, energia, conservação);
- custos de manutenção (amortização ou aluguel de equipamento de armazenagem);
- outros custos diretos (água, eletricidade, etc.).

No cálculo do custo de armazenagem somente estão incluídos custos que variam com a quantidade de estoque, e não os custos fixos, independentes do nível de estoque, como é o caso dos custos de manutenção. Normalmente, esses custos são calculados em porcentagem do valor do estoque, designados do fator de armazenagem e calculados (quadro 1) pela relação entre o custo total de armazenagem e o valor do estoque médio dos produtos armazenados. Dessa forma, o custo unitário de armazenagem, ou fator de armazenagem, expresso em porcentagem, será igual para todos os produtos.

Quadro 1 – Exemplo de cálculo de fator de armazenagem

DESCRIÇÃO	RACIONAL DE CÁLCULO	EXEMPLO DE CUSTO DE ARMAZENAGEM
Instalações físicas e equipamentos	Depreciação anual (a)	R$ 200.000
Recursos humanos/seguros/ tributos/outros custos diretos	Valor anual (b)	R$ 520.000
Custo anual de armazenamento	Soma de (a) + (b)	R$ 720.000
Estoque médio anual	$\frac{\text{Estoque inicial + Estoque final}}{2}$	R$ 6.000.000
Custo unitário de armazenagem (%) (fator de armazenagem)	$\frac{\text{Custo anual de armazenagem}}{\text{Estoque médio anual}}$	12%
Exemplo de custo para artigo no valor de R$ 100	100 × 12%	R$ 12/ano (12% do valor de aquisição)

Os elevados valores de locação em centros urbanos e gastos com pessoal aumentam significativamente o custo de armazenagem e têm levado empresas a instalar armazéns em regiões mais afastadas e automatizando processos de armazenagem, além de adotar políticas de redução de estoque muitas vezes acompanhadas de maior frequência em entregas, que além de reduzirem o capital investido em estoque diminuem o espaço necessário de armazenagem.

O custo de oportunidade de capital é normalmente expresso por meio de uma taxa de rentabilidade em um investimento alternativo, por exemplo a compra de material para armazenamento em vez de investimento em alguma aplicação financeira. O custo de oportunidade também pode ser determinado pelo que se deixa de ganhar com a indisponibilidade do produto.

O custo de obsolescência deve incluir o custo de armazenagem quando a empresa estoca produtos com risco de desatualização rápida, que se desvalorizam rapidamente ou com prazos muito curtos de validade. Pode ser expresso em porcentagem do valor de aquisição.

As empresas, ao considerarem que a obsolescência para determinado produto é um fator de risco, atribuem um percentual sobre a compra, incluindo-o no custo de posse de estoque.

5.2 Custo do pedido

O custo do pedido inclui os custos com recursos humanos (lançamento, recepção e conferência), comunicações, consumíveis, entre outros. A determinação do custo do pedido pode ser realizada de duas formas:

- Estabelecendo a divisão entre o total dos custos inerentes aos pedidos e o número de encomendas realizadas durante o ano.
- Calculando o custo de cada encomenda.

Utiliza-se o cálculo de cada encomenda em situações de produtos com características específicas, como em grandes quantidades ou de grande valor.

O custo do transporte, quando sob responsabilidade da empresa, deve ser acrescido em cada pedido realizado.

5.3 Custo total

O custo total do estoque será a soma do custo de posse mais o custo do pedido:

Custo total = Custo de posse (custo de armazenamento + custo de oportunidade) + Custo do pedido.

Na determinação do custo total devem ainda ser levados em conta os seguintes aspectos:

- Muitas empresas consideram como custos de estoque, além dos referidos, aqueles devidos à ruptura de estoque ou à falta de qualidade nos produtos entregues e que ocasionam paragem de linhas de produção, cancelamento de pedidos ou mesmo quebra de imagem da empresa.

- Custos de estoque podem variar quando se comparam aquisições para um mesmo produto com descontos de quantidade. Uma maior quantidade adquirida pode significar um desconto no preço, aumentando o estoque médio e baixando o custo de armazenagem unitário, mas, dependendo do giro de estoque, pode gerar custo de capital maior que o benefício do desconto de quantidade.
- Com o desenvolvimento das grandes cidades, a especulação imobiliária fez aumentarem os custos das instalações físicas em armazenagem. No caso do varejo há necessidade de maiores espaços para exposições de produtos, o que leva as empresas comerciais (atacadistas ou varejistas) a tomarem decisões sobre quais produtos armazenar, e, por isso, a otimizarem a rentabilidade dos espaços de armazenagem, comparando os custos de oportunidade entre dois produtos com os respectivos giros do estoque.

6 Giro e cobertura de estoque

Do ponto de vista operacional, as empresas têm necessidade de estocar insumos e produtos para manter a sua atividade, de forma a não criar rupturas na produção ou nas entregas de seus produtos. Por outro lado, necessitam racionalizar os níveis de estoques para otimizar custos. A forma de conjugar esses dois aspectos é garantindo que os estoques girem constantemente, evitando perdas de materiais, interrupções em operações ou mesmo investimentos desnecessários (PAOLESCHI, 2014).

O giro de estoque, definido como a razão entre o estoque utilizado ou vendido e o estoque médio em determinado período, ou seja, a quantidade de vezes que o estoque é reposto no período, permite comparar a rentabilidade entre dois períodos em relação aos espaços de armazenagem ou entre duas posições de uma gôndola num ponto de venda.

$$\text{Giro de estoque} = \frac{\text{Estoque consumido}}{\text{Estoque médio}} \quad \text{(no período)}$$

A cobertura de estoque representa o tempo que determinado estoque pode cobrir demandas de produção ou comercialização, sendo normalmente expressa em dias e determinada pela divisão do estoque médio calculado no período pela previsão do consumo nesse período.

$$\text{Cobertura de estoque} = \frac{\text{Estoque atual}}{\text{Estoque consumido}} \quad \text{(no período)}$$

O giro de estoque é um importante indicador de desempenho, relacionado diretamente com a gestão de custos de estoque; já o índice de cobertura é um indicador utilizado na segurança operacional, pois contribui para o planejamento da produção. Também serve de alerta ao setor de compras sobre o ponto de pedido.

Considerações finais

Os estoques, como parte essencial da materialização das operações e de certos serviços, necessitam de planejamentos e cuidados para colaborar na eficiência das empresas. A otimização dos níveis de estoques é viabilizada quando empresas conjugam a demanda de produtos com o suprimento de estoques; dessa forma, os níveis de estoque nos vários estágios do canal de abastecimento são reduzidos, resultando em menores custos de manutenção e de ressuprimento. No entanto, a necessidade de dimensionamento dos riscos, associada à manutenção de estoque, leva as empresas a constituírem estoques de segurança, de forma a garantirem a continuidade das operações em situações inesperadas de dificuldades de suprimento. Cabe ainda realçar que a formulação do planejamento de estoque deve ir além da conjugação da demanda de produtos com o suprimento: deve atender prioritariamente ao nível de serviço ao cliente, elemento fundamental na sustentabilidade do desenvolvimento empresarial.

Referências

BALLOU, R. H. **Gerenciamento da cadeia de suprimentos**: logística empresarial. Porto Alegre: Bookman, 2007.

BOWERSOX, D. J.; CLOSS, D. J. **Logística empresarial**: o processo de integração da cadeia de suprimento. São Paulo: Atlas, 2001.

BOWERSOX, D. J. *et al.* **Gestão logística da cadeia de suprimentos**. Porto Alegre: AMGH, 2014.

KRAJEWSKI, L. *et al.* **Administração de produção e operações**. São Paulo: Pearson Prentice Hall, 2017.

LEMOS, F. O. **Metodologia para seleção de métodos de previsão de demanda**. 2006. Tese (Mestrado) – Escola de Engenharia, Universidade Federal do Rio Grande do Sul (EE/UFRGS), Porto Alegre, 2006. Disponível em: http://www.producao.ufrgs.br/arquivos/publicacoes/fernandooliveiralemos.pdf. Acesso em: 1º mar. 2021.

PAOLESCHI, B. **Estoques e armazenagem**. São Paulo: Érica, 2014.

PEINADO, J.; GRAEML, A. R. **Administração da produção (operações industriais e serviços)**. Curitiba: UnicenP, 2007.

SLACK, N. S. *et al.* **Gerenciamento de operações e processos**. 2. ed. Porto Alegre: Bookman, 2013.

Capítulo 3

Principais métodos de ressuprimento de estoque

O ponto fundamental da política de gestão de estoques é responder a duas questões: "quando comprar?" e "quanto comprar?", simultaneamente minimizando custos e satisfazendo o cliente. As respostas a essas questões permitirão à empresa não somente abastecer-se para não criar rupturas nas operações, mas também determinar a dimensão de espaços de armazenagem e montantes de investimento em estoques.

Existem diversos modelos de gestão de estoques, cada um respondendo de forma diferente às questões citadas; no entanto, uma decisão sobre qual seria o modelo de gestão mais eficiente pressupõe que a empresa estabeleça um sistema de controle de estoques de forma a determinar o ponto de pedido, isto é, o momento de deslanchar o pedido de compra, e avaliar o comportamento da oferta e da demanda numa perspectiva de existência ou não de aleatoriedade no consumo.

Do lado da oferta, o abastecimento será determinístico se as quantidades entregues corresponderem sempre às encomendadas e se os prazos de entrega forem sempre cumpridos pelos fornecedores, podendo-se prever com exatidão o comportamento do suprimento. Do lado da demanda, quando as quantidades demandadas forem previamente conhecidas, a demanda será determinística, sendo designada de demanda dependente, caso do suprimento de cadeias de produção contínua; já quando a demanda for incerta, teremos uma demanda independente e, como tal, aleatória, caso da demanda de vestuário de estação.

Podemos assim classificar os modelos de ressuprimento em duas categorias: modelos determinísticos de demanda dependente, isto é, de demanda previsível, e modelos estocásticos, de demanda independente.

Neste capítulo analisaremos as quantidades de estoque que maximizam a eficiência empresarial ao otimizarem níveis de serviço, minimizando os custos de estoque. Serão abordados modelos de suprimento em sistemas de demanda dependente e independente e, ainda, modalidades de controle de estoques.

1 Lote econômico de compra

O gestor de estoques deverá atender às necessidades da empresa com a máxima eficiência e ao menor custo, o que pode ser alcançado maximizando o giro de estoque: quanto maior o giro, menor será o capital investido e o custo de armazenagem, razão pela qual se deve determinar a quantidade a encomendar que minimize os custos de estoque.

Quando a demanda e a oferta forem constantes, determinísticas e conhecidas, o gestor de estoques, para determinar a quantidade econômica de compra, isto é, aquela que otimiza a eficiência, pode utilizar um dos seguintes modelos:

- lote econômico de compra (modelo básico);

- lote econômico de compra com desconto de quantidade;
- lote econômico de compra sem reposição instantânea (com abastecimento contínuo).

1.1 Modelo de lote econômico de compra

À medida que a quantidade a encomendar aumenta, o custo de posse do estoque aumenta, pois o estoque médio é mais elevado e o custo anual de pedido diminui, já que é necessário realizar um menor número de pedidos. Dessa forma, é necessário encontrar um ponto de quantidade (Q) que otimize a relação entre o custo dos pedidos e o custo de posse de estoque, que determinará o lote econômico de compra (LEC), ou seja, o tamanho do lote que minimize os custos anuais de manutenção de estoque e de processamento de pedidos.

Para determinarmos matematicamente o LEC, devemos considerar as seguintes variáveis referentes a um período, normalmente 1 ano:

Gráfico 1 – Lote econômico de compra

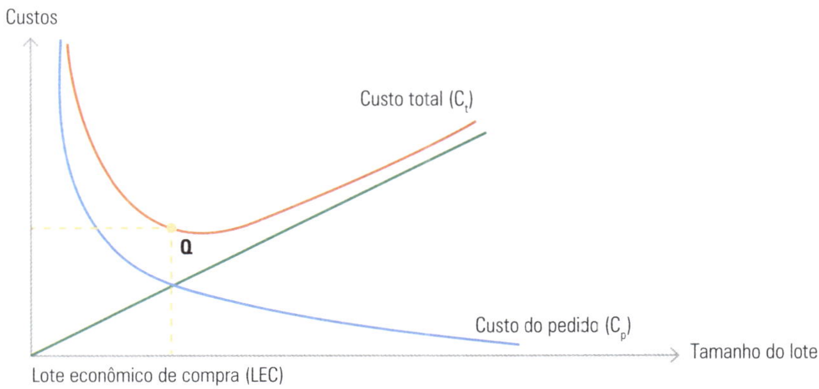

- C_t – Custo total do estoque = Custo de pedidos anuais + Custo de posse anual.
- C_e – Custo de posse do estoque anual.
- C_p – Custo de colocação dos pedidos anuais.
- H – Custo de posse de estoque unitário.
- Q – Quantidade a encomendar.
- D_{an} – Demanda anual (unidades/ano).
- S – Custo unitário de pedido.
- C – Custo de aquisição (custo de capital).

Custo de pedidos anuais = Número de encomendas por ano × Custo unitário de pedido:

$$\textbf{Custo de encomenda anual } (C_p) = \frac{D_{an}}{Q} \times S$$

Custo de posse anual (C_e) = Estoque médio anual × Custo de posse de estoque unitário:

$$\textbf{Custo de posse de estoque anual} = \frac{Q}{2} \times H$$

Custo de posse de estoque unitário: H = *i* × C, sendo:

- *i* – Taxa de posse de estoque (%) = (Fator de armazenagem + Custo de oportunidade de capital + Custo de obsolescência)
- C – custo de aquisição (custo de capital)

Custo total do estoque: $(C_t) = C_e + C_p = \frac{D_{an}}{Q} \times S + \frac{Q}{2} \times H$

O valor LEC referente a Q (quantidade a encomendar) corresponderá ao mínimo da função do custo total do estoque, sendo determinado derivando a função C_t em ordem a Q se igualar a zero e resolver em função de Q:

$$C_t' = -\frac{D_{an}S}{Q^2} + \frac{H}{2} = 0 \rightarrow \frac{D_{an}S}{Q^2} + \frac{H}{2} = \rightarrow Q^2 = \frac{2D_{an}S}{H} \rightarrow LEC = \sqrt{\frac{2D_{an}S}{H}}$$

Vejamos um exemplo de aplicação do LEC para o produto X, com valor de aquisição de P = R$ 8,00, taxa de posse de estoque *i* = 3%, custo de aquisição C = 12%, consumo anual do produto de 80.000 unidades, custo unitário de pedido de S = R$ 50,00.

O custo de posse de estoque unitário (H) é calculado pela fórmula: H = (*i* + C) × P, ou seja:

(12% + 3%) × R$ 8,00, resultando no custo de posse unitário H = R$ 1,20.

O lote econômico de encomenda de 2.582 unidades pode ser obtido pela aplicação da fórmula:

$$LEC = \sqrt{\frac{2 \times 80.000 \times 50}{1,2}} = 2.582 \text{ unidades}$$

Para determinação do custo total correspondente ao LEC, soma-se o custo das encomendas anuais (multiplicando o número de encomendas pelo custo de cada pedido) com o custo de posse do estoque encomendado em cada pedido (multiplicando o custo médio do estoque encomendado pelo custo de posse de estoque unitário).

O custo total correspondente será:

$$C_t = \frac{80.000}{2.582} \times 50 + \frac{2.582}{2} \times 1,2 = R\$ \ 1.549 + R\$ \ 1.549 = R\$ \ 3.098/\text{ano}$$

Nesse exemplo, a política de gestão de estoques que minimiza o custo total corresponde a encomendar 2.582 unidades a cada 12 dias (2.582 unidades / 80.000 unidades × 360 dias = 11,6). O modelo LEC pressupõe reposição instantânea e ausência de estoque de segurança; por isso, as quantidades estocadas variam entre zero e a quantidade encomendada, mantendo-se o estoque médio constante ao longo do ano.

A opção por determinada política de gestão de estoques depende da relação entre o custo de colocação de um pedido unitário e o custo de posse de uma unidade de estoque que será encomendada. Quanto maior for a relação entre o custo de um pedido e o custo de manutenção de estoque unitário, maior será a quantidade a encomendar.

O modelo da quantidade econômica de encomenda somente pode ser aplicado se verificados os seguintes pressupostos:

- a taxa de demanda é constante;
- o prazo de entrega é constante e conhecido;
- o pedido de reposição chega instantaneamente quando é solicitado (não são permitidas rupturas de estoque);
- o custo unitário é independente da quantidade encomendada;
- o custo de encomenda é fixo, independentemente da quantidade encomendada;
- o custo de posse de estoque é proporcional à quantidade de estoque.

1.2 Lote econômico de compra com desconto de quantidade

O modelo de quantidade econômica de encomenda pressupõe que o custo unitário de aquisição não varia com a quantidade, o que nem sempre ocorre, pois a situação do desconto comercial de quantidade é frequente em negociações com fornecedores. O impacto do desconto de quantidade no custo total de estoque terá efeito no

- custo do capital investido em estoque, que diminui, pois mantém-se a quantidade reduzindo o preço unitário;
- custo de pedido, que diminui, pois ao aumentar a quantidade por pedido reduz-se o número de pedidos;
- custo de posse do estoque, que aumenta, pois uma maior quantidade será armazenada em cada pedido e o estoque médio aumentará.

Pode-se concluir que o desconto de quantidade somente será vantajoso se a diminuição da soma do custo do capital investido com o custo dos pedidos anuais for superior ao aumento do custo de posse do estoque. Nessas condições não se pode aplicar o modelo de lote econômico de encomenda básico, pois viola-se um dos pressupostos: cada preço dará origem a uma função de custo total de estoque; no entanto, para encontrar o ponto ótimo da função custo total, pode-se adotar a seguinte metodologia:

1. Calcula-se o LEC para o nível de preço mais baixo.
2. Se a quantidade do LEC for válida, a quantidade que minimiza o custo total foi determinada.
3. Se a quantidade do LEC não for válida, calcula-se o custo total para a quantidade válida mais próxima do LEC, obtida para esse nível de preço.
4. Calcula-se o LEC para o nível de preço seguinte.
5. Se a quantidade do LEC for válida, calcula-se o custo total com base no LEC determinado.
6. Se a quantidade do LEC não for válida, volta-se ao ponto 3, explorando todos os níveis de preço.

7. Opta-se pela quantidade a encomendar que minimize o custo total calculado para cada nível de preço.

NA PRÁTICA

Exemplo de cálculo de lote econômico de compra com desconto de quantidade.

O Hospital Geral analisa a seguinte proposta do fornecedor para aquisição de vacinas especiais pneumológicas:

TABELA DE PREÇOS – VACINAS PNEUMOLÓGICAS	
Preço unitário	Quantidade a encomendar
R$ 500	< 100
R$ 490	101-250
R$ 485	251-400
R$ 480	> 400

O Hospital Geral calcula o custo de pedido em R$ 10,50 e o custo de posse do estoque unitário em 23% do preço unitário de aquisição. O consumo anual desse produto é de 1.500 unidades.

Para determinar a quantidade a encomendar, consideram-se os valores na tabela a seguir para cada indicação de preço unitário.

P – PREÇO UNITÁRIO	R$ 480	R$ 485	R$ 490	R$ 500
S – Custo do pedido	R$ 10,50	R$ 10,50	R$ 10,50	R$ 10,50
H – Custo de posse de estoque unitário	R$ 110,40	R$ 111,55	R$ 112,70	R$ 115
D – Consumo anual	1.500	1.500	1.500	1.500

Na sequência aplica-se a fórmula do lote econômico de encomenda:

$$LEC = \sqrt{\frac{2D_{an}S}{H}}$$

Aplica-se o LEC sequencialmente e para cada preço unitário, começando do valor menor. Assim, para o preço unitário de R$ 480:

$$LEC_{480} = \sqrt{\frac{2 \times 1.500 \times 10,5}{110,4}} = 16,9 \approx 17 \text{ unidades}$$

Não é válido encomendar 17 unidades ao preço unitário de R$ 480; a quantidade válida mais próxima é 401.

O custo total do estoque para o preço unitário de R$ 480 será:

Custo de aquisição anual = 1.500 × R$ 480 = R$ 720.000

Custo de pedido anual = $\frac{1.500}{401} \times \text{R\$ } 10,50 = \text{R\$ } 39,30$

Custo de posse de estoque anual = $\frac{401}{2} \times \text{R\$ } 110,40 = \text{R\$ } 22.135$

O custo total será: CT_{480} = R$ 720.000 + R$ 39,30 + R$ 22.135,20 = = R$ 742.174,50

A etapa seguinte será calcular o LEC para o preço unitário de R$ 485.

$$LEC_{485} = \sqrt{\frac{2 \times 1.500 \times 10,5}{111,55}} = 16,8 \approx 17 \text{ unidades}$$

Não é válido encomendar 17 unidades ao preço unitário de R$ 485; a quantidade válida mais próxima é 251.

O custo total será determinado da mesma forma que anteriormente. Assim, para o preço unitário de R$ 485, o custo total é CT_{435} = R$ 741.562.

A etapa seguinte será calcular o LEC para o preço unitário de R$ 490.

$$LEC_{490} = \sqrt{\frac{2 \times 1.500 \times 10,5}{112,7}} = 16,7 \approx 17 \text{ unidades}$$

Não é válido encomendar 17 unidades ao preço unitário de R$ 490; a quantidade válida mais próxima é 101.

O custo total para o preço unitário de R$ 490 será: CT_{490}= R$ 740.847,25.

A etapa seguinte será calcular o LEC para o preço unitário de R$ 500.

$$LEC_{500} = \sqrt{\frac{2 \times 1.500 \times 10,5}{115}} = 16,55 \approx 17 \text{ unidades}$$

É válido encomendar 17 unidades ao preço unitário de R$ 500.

O custo total para o preço unitário de R$ 500 será: CT_{500}= R$ 751.940.

Assim, a encomenda de 101 unidades com o preço unitário de R$ 490 é a mais vantajosa, e essa deve ser a quantidade a encomendar, pois apresenta um custo total mais baixo.

Com relação ao ponto de pedido, tal como no modelo básico de lote econômico de compra, a encomenda é colocada quando o nível de estoque atinge o ponto de pedido, que depende do prazo de entrega do fornecedor e de não existir estoque de segurança da taxa de demanda do produto.

1.3 Lote econômico de compra com abastecimento contínuo

Em sistemas de abastecimento contínuo, como no caso de entrada de encomendas faseadas com saídas simultânea de estoque, o estoque máximo nunca atinge a quantidade de encomenda, pois à medida que a quantidade de encomenda entra, ocorre a demanda e o estoque diminui. O estoque médio depende da relação entre os ritmos de demanda (d) e de abastecimento (p). Quanto maior for a relação d/p, menor será o estoque máximo e, consequentemente, o estoque médio. No entanto, essa relação tem de ser menor que a unidade para que não exista ruptura de estoque. Nessas condições, considerando Q a quantidade encomendada, o estoque máximo em armazém será de:

$$E_{máx} = Q \times (1 - \frac{d}{p})$$

E o estoque médio:

$$E_{méd} = \frac{Q}{2} \times (1 - \frac{d}{p})$$

A quantidade de encomenda que minimize o custo total, isto é, o LEC, deve encontrar-se no ponto que minimize a função:

$$C_t = \frac{D_{an}S}{Q^2} \times 50 + \frac{Q}{2}\ (1 - \frac{d}{p}) \times H \text{ ou seja, LEC} = \sqrt{\frac{2D_{an}S}{(1 - \frac{d}{p})\ H}}$$

Em que:

C_t – Custo total do estoque = Custo de pedidos anuais + Custo de posse anual

D_{an} – Demanda anual (unidades/ano)

S – Custo unitário de pedido

H – Custo de posse de estoque unitário

d – Ritmo de demanda (unidades/dia)

p – Ritmo de abastecimento (unidades/dia)

Como nos modelos anteriores, nesse caso o ponto de pedido equivale à demanda durante o tempo de ressuprimento; quando a taxa de demanda se iguala à de ressuprimento, os intervalos de ressuprimento são iguais e o estoque médio é minimizado.

2 Sistema de ressuprimento para a demanda dependente

O estoque dos itens de demanda dependente varia de acordo com os planos de produção da empresa ou com as encomendas programadas de clientes, e por isso essa é uma demanda conhecida e normalmente constante. Segundo Krajewski *et al.* (2017, p. 366), "a demanda dependente deve ser calculada e não prevista e exibe um padrão muito diferente da demanda independente".

Quando a demanda é constante e conhecida, o ponto de pedido, ou seja, o nível de estoque que desencadeia um pedido, como analisado no capítulo 2, depende do prazo de fornecimento acrescido do prazo de preparação e emissão do pedido, sendo viável para determinação da quantidade a encomendar a aplicação do modelo LEC. Nesse caso, como a taxa de demanda é constante, o período entre encomendas será também constante, e como tal o ponto de pedido é atingido em intervalos regulares de tempo, podendo ser calculado pela fórmula:

$$\text{Intervalo de ressuprimento} = IR = \frac{Q}{D_{an}} \text{ anos}$$

Em que:

Q – Quantidade a encomendar

D_{an} – Demanda anual (unidades/ano)

A dificuldade em determinar com exatidão a demanda que ocorrerá em determinado período pode levar as empresas, como demonstrado no gráfico 2, a utilizarem na prática o sistema mín-máx, "provavelmente o mais conhecido e utilizado de todos os procedimentos de controle de estoques" (BALLOU, 2007, p. 296). Nesse sistema o ponto de pedido (Pp) e o lote de compra são fixos e constantes, podendo os intervalos de ressuprimento ser variáveis, pois dependem de o nível de estoque atingir o ponto de pedido. "A quantidade a adquirir normalmente se baseia no LEC, embora possa ser uma quantidade variável, calculada de acordo com os níveis atuais de estoque e um nível máximo predeterminado" (BOWERSOX *et al.*, 2014, p. 187).

Gráfico 2 – Funcionamento do sistema mín-máx

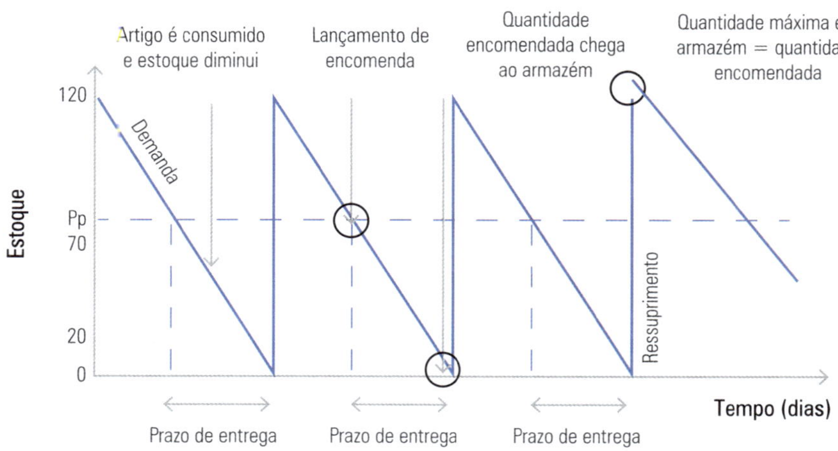

A utilização do modelo do LEC permite aferir o período econômico entre encomendas (PEE). Considerando a demanda diária do produto D, o PEE pode ser determinado pela equação:

$$PEE = \frac{LEC}{D}$$

A aplicação do modelo LEC, viável em processos de demanda conhecida e constante, é alvo de críticas pelo fato de se basear na minimização de custos sem atender a outros fatores que condicionam a sua aplicação.

> Os principais pressupostos do modelo LEC simples são: (1) toda demanda é atendida; (2) a taxa de demanda é contínua, constante e conhecida; (3) a duração do ciclo de atividades de reabastecimento é constante e conhecida; (4) há um preço constante para o produto que independe do tamanho do pedido de compra ou do tempo; (5) há um horizonte de planejamento infinito; (6) não há interação entre vários itens do estoque; (7) não há estoque em trânsito; e (8) não há qualquer limite à disponibilidade de capital. (BOWERSOX *et al.*, 2014, p. 171)

Entre as condicionantes do modelo LEC simples salientam-se o custo variável de transporte e o desconto no preço na aquisição de grandes quantidades, além do fato de o modelo não atender aos recursos financeiros disponibilizados pela empresa.

3 Sistema de ressuprimento para a demanda independente

Se em demanda dependente é possível estabelecer um cronograma de produção normalmente compartilhado com os fornecedores, em situações de demanda independente isso torna-se inviável, devendo priorizar-se o controle dos níveis de estoque, que pode ser realizado em forma de revisão contínua ou periódica.

O controle contínuo de estoques compara o estoque virtual (EV), isto é, a soma do estoque físico existente (EF) e do saldo dos fornecimentos a receber (SF), com o ponto de pedido (Pp); o pedido de ressuprimento ocorrerá quando o EV estiver abaixo do ponto de pedido Pp, isto é, EF + SF < Pp.

Nesse caso, o tamanho do pedido de compra pode ser determinado por meio do LEC; e se não houver incerteza quanto ao cumprimento do tempo de reposição no que se refere à demanda, não há necessidade de estoque de segurança (BOWERSOX *et al.*, 2014).

No sistema de revisão periódica o intervalo entre encomendas é fixo, enquanto a quantidade a encomendar é variável, pois depende do ritmo da demanda durante o intervalo de ressuprimento (IR). Como a verificação do estoque é realizada com periodicidade determinada (P), para determinação do ponto de pedido pressupõe-se que o estoque virtual atingirá, antes da contagem periódica, uma quantidade inferior ao ponto de pedido em metade das vezes em que se fizer a análise (BOWERSOX *et al.*, 2014). Nessas condições, o ponto de pedido será determinado pela fórmula:

$$Pp = D \times (TR + P/2) + ES$$

Em que:

Pp – Ponto de pedido

D – Demanda média diária

TR – Tempo de ressuprimento

P – Intervalo entre as análises em dias

ES – Estoque de segurança

Como exemplo, suponha que um produto tenha uma demanda média diária de 100 unidades, que o tempo de reposição seja de 5 dias, a periodicidade de controle do estoque seja de 10 dias e o estoque de segurança tenha sido fixado em 250 unidades. O ponto de pedido para esse produto será quando o estoque atingir o valor de 1.250 unidades.

$$Pp = 100 \times (5 + 10/2) + 250 = 1.250$$

Dados o intervalo entre contagens e a insegurança quanto ao cumprimento dos prazos de fornecimento, os sistemas de controle periódico exigem estoques médios mais elevados, isto é, maiores estoques de segurança que os sistemas de controle permanente.

3.1 O estoque de segurança e o *lead time* de fornecimento

O estoque de segurança, ao representar uma quantidade mínima e inalterável de estoque, gera um custo permanente que impacta a rentabilidade da empresa, devendo ser calculado de forma criteriosa, pois o volume do estoque de segurança determina "o nível da disponibilidade de estoque proporcionado aos clientes mediante o controle da probabilidade da ocorrência de uma situação de falta de estoque" (BALLOU, 2007, p. 286).

O nível do estoque de segurança (ES) se dá em função da variabilidade da demanda, do *lead time* de fornecimento e do nível de serviço acordado. Como expresso no gráfico 3, um aumento imprevisível da demanda poderá provocar ruptura do estoque; a demanda máxima ($D_{máx}$) durante o tempo de ressuprimento, ao ser prevista, pode determinar o estoque de segurança necessário para suprir as condições da demanda média ($D_{méd}$) e do tempo de ressuprimento (*lead time*) médio; uma mudança nas condições de fornecimento, aumentando o *lead time*, também poderá obrigar a empresa a aumentar o nível do estoque de segurança.

Gráfico 3 – Níveis de estoque de segurança em função da variação da demanda e do *lead time* de fornecimento

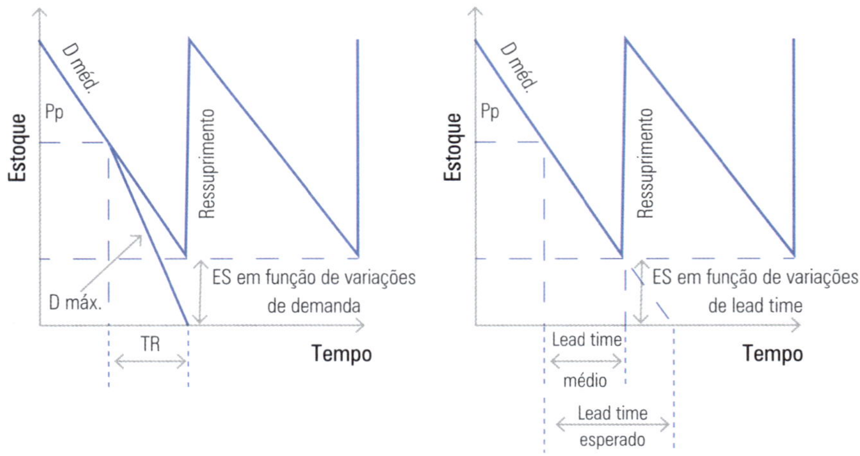

Para Slack *et al.* (2013, p. 320), "a principal consideração em determinar o estoque de segurança está na probabilidade de o estoque não ter terminado antes do pedido de reposição chegar, o que depende da distribuição de frequências do consumo durante o prazo de entrega"; ou seja, se prazos de entrega e demanda pudessem estar garantidos, não haveria necessidade de estoque de segurança.

3.2 O estoque de segurança com demanda variável

Em situações de sistemas de revisão contínua e demanda variável, a utilização de distribuição normal de probabilidades, na identificação do comportamento de compra, facilita a determinação do estoque de segurança, que pode ser calculado levando em conta a variação da demanda no tempo de ressuprimento (PEINADO; GRAEML, 2007).

O dimensionamento do estoque de segurança dependerá da probabilidade de ruptura de estoque (P) e ocorrerá se a demanda X, durante o período correspondente ao intervalo de ressuprimento (IR) + período do prazo de entrega (TR), for superior ao estoque máximo ($E_{máx}$), ou seja:

$$P[X > E_{máx}] = \alpha \rightarrow P[X < E_{máx}] = 1 - \alpha \rightarrow 1 - \alpha = \text{nível de serviço}$$

Se a variável X seguir uma distribuição normal, podemos calcular o estoque de segurança pela fórmula:

$$ES = z\sqrt{\sigma^2_d\,(TR) + \sigma^2_{TR}d^2}$$

Em que:

z – Número de desvios-padrão acima ou abaixo da média da população (determinado pela tabela de coeficientes de distribuição normal)[1]

d – Demanda média

σ_d – Desvio-padrão da demanda

TR – Período do prazo de entrega (*lead time* médio)

σ_{TR} – Desvio-padrão da demanda durante o período TR

No caso da demanda variável com tempo de ressuprimento constante, quando o fornecedor apresenta elevado grau de garantia no cumprimento do prazo de ressuprimento, o estoque de segurança pode ser calculado pela fórmula:

$$ES = z \times \sigma_d \times \sqrt{TR}$$

Em que: $\sigma_d \times \sqrt{TR}$ é o desvio-padrão da demanda durante o tempo de ressuprimento.

---

[1] Considerando um nível de serviço de 99,87%, equivalente a 3 desvios-padrão (z = 3), isso significa que há 99,87% de probabilidade de não faltar estoque em função de um aumento súbito da demanda durante o tempo de ressuprimento.

Também nesse caso o ponto de pedido não sofre alterações em relação ao modelo básico de lote econômico de compra.

Vamos a um exemplo de determinação do estoque de segurança com garantia de cumprimento do prazo de ressuprimento

Um supermercado identificou que vendia 1.000 pacotes com 12 cervejas por semana, com um desvio-padrão de 24 pacotes. O supermercado adota o sistema de revisão contínua e abre todos os dias. O supermercado deseja um nível de serviço de 98%, o que equivale a z = 2,04. O fornecedor é cumpridor de prazos e entrega os pedidos em 3 dias. Qual estoque de segurança (ES) e ponto de pedido (Pp) o supermercado deve considerar?

Considerando: TR = 3 dias = 0,429 semanas

Aplicando a fórmula: $ES = zx\ \sigma_d \times \sqrt{TR} \rightarrow ES = 2{,}04 \times 24 \times \sqrt{0{,}429} = 32{,}07 \approx 32$ pacotes

Determina-se o Pp somando o consumo durante o tempo de reposição com o estoque de segurança:

$Pp = (1.000 \times 0{,}429) + 32 = 461$ pacotes

4 Sistemas de controle de estoques

A determinação do "quanto" e "quando" encomendar depende do controle realizado dos níveis de estoques mantidos pelas empresas e está diretamente relacionada aos sistemas de ressuprimento de demanda dependente e independente utilizados.

> Estoques em cadeias de suprimentos são administrados com a ajuda de sistemas específicos de controle. Esses sistemas gerenciam os níveis de estoque cíclico, segurança, antecipação e em trânsito em uma empresa. Seja qual for o tipo de demanda associada a um item, dependente ou independente, três questões importantes

> devem ser respondidas: "Qual grau de controle devemos impor a um item?", "Qual quantidade devemos pedir?" e "Quando devemos colocar um pedido?". Ao selecionar um sistema de controle de estoque para determinada aplicação, a natureza das demandas associadas aos itens é essencial. (KRAJEWSKI *et al.*, 2017, p. 368-369)

Quando a demanda ou a oferta são aleatórias, faz-se necessário revisar continuamente os níveis de estoque: ao atingirem determinada quantidade, designada de ponto de pedido, é preciso lançar nova encomenda. Nesse modelo, a quantidade a encomendar é fixa e o período entre encomendas é variável, pois dependem do ritmo da demanda no período entre as duas encomendas. Somente haverá risco de ruptura e, consequentemente, de não cumprimento do nível de serviço no período em que o nível de estoque for inferior ao ponto de pedido, ou seja, quando a demanda durante o prazo de entrega do fornecedor for superior ao ponto de pedido. Se o prazo de entrega do fornecedor ou a demanda durante o prazo de entrega forem aleatórios, é necessário constituir um estoque de segurança proporcional ao nível de serviço; isto é, quanto maior for a variabilidade da demanda ou o prazo de entrega do fornecedor, maior será o estoque de segurança.

Alternativamente ao método de revisão contínua, que exige constante monitoramento dos níveis de estoque, no controle de revisão periódica os níveis de estoques para múltiplos itens podem ser revisados ao mesmo tempo para serem encomendados ao mesmo tempo, concretizando assim economias na produção, transporte ou aquisição (BALLOU, 2007, p. 292). Nesse caso, as datas de reposição de materiais são programadas e os intervalos de ressuprimento são iguais. Dada a frequente aleatoriedade na demanda e no prazo de ressuprimento, o estabelecimento de intervalos curtos de ressuprimento pode resultar em aumento de estoque médio; já longos intervalos de ressuprimentos podem acarretar riscos de ruptura.

Outras formas utilizadas para controlar estoques em situações de revisão contínua são o sistema de duas gavetas e o sistema de estoque básico.

4.1 Sistema de duas gavetas

O sistema de duas gavetas é normalmente utilizado em armazenagem de produtos de baixo valor e de demanda constante. Nesse sistema o estoque é controlado visualmente, dispensando registros de estoque. O sistema prevê o armazenamento do estoque em duas caixas. Quando se esvazia a primeira caixa recorre-se à segunda caixa, que contém uma reserva que cobre o pedido até a chegada da reposição. O esvaziamento da primeira caixa sinaliza a necessidade de um novo pedido. O ressuprimento repõe o nível de estoque da segunda caixa e o excedente é colocado na primeira caixa.

4.2 Sistema de estoque básico

O sistema de estoque básico, aplicado em processos de revisão contínua, consiste na emissão de um pedido de ressuprimento cada vez que uma retirada é feita e na mesma quantidade retirada (KRAJEWSKI *et al.*, 2017); ou seja, num sistema de revisão contínua, o nível de estoque básico equivale ao ponto de pedido. Nesse caso o ponto de pedido corresponde ao menor nível de estoque possível para manter o nível de serviço.

4.3 Sistema MRP (material requirement planning ou planejamento de necessidades de material)

Em situações de demanda dependente é possível determinar com precisão a quantidade de itens necessária à manutenção dos processos produtivos utilizando o sistema MRP (material requirement planning ou planejamento de necessidades de material). O MRP é um sistema computadorizado desenvolvido para auxiliar as empresas na administração da demanda dependente e programar pedidos de reposição (KRAJEWSKI *et al.*, 2017, p. 486), com o objetivo de levar os materiais certos ao lugar certo e na hora certa.

Com o MRP é possível determinar o "quando" e o "quanto" de determinado insumo ou componente é preciso para abastecer a produção, de forma que não haja excesso nem falta desse insumo ou componente quando necessário. O MRP somente é aplicado em situações de demanda dependente. A demanda dependente é caracterizada por derivar de necessidades quantificadas, como é o caso de produtos em linhas de montagem abastecidas por insumos e componentes nas quantidades corretas e na hora certa.

Considerações finais

Os estoques representam um dos mais relevantes investimentos empresariais. No entanto, a sua falta paralisa o funcionamento de qualquer empresa; daí a necessidade de uma gestão que simultaneamente minimize os custos de posse dos estoques e garanta a sua disponibilidade.

Foram analisados vários sistemas de ressuprimento de estoques, utilizados em situações de demanda dependente e independente, assim como os sistemas de controle que identificam pontos de pedido e lotes de encomenda que minimizem custos. As diferenças entre as metodologias de ressuprimento, consoante o tipo de demanda, foram devidamente comentadas, assim como a necessidade de haver um estoque de segurança como forma de garantir o nível de serviço.

Os tipos de produtos (produzidos ou comercializados) caracterizam os sistemas de controle e de ressuprimento adotados; já as empresas, para otimizarem sua eficiência, devem operacionalizar cada sistema de controle e de ressuprimento em função do nível de serviço que oferecem.

Referências

BALLOU, R. H. **Gerenciamento da cadeia de suprimentos**: logística empresarial. Porto Alegre: Bookman, 2007.

BOWERSOX, D. J. *et al*. **Gestão logística da cadeia de suprimentos**. Porto Alegre: AMGH, 2014.

KRAJEWSKI, L. *et al*. **Administração de produção e operações**. São Paulo: Pearson Prentice Hall, 2017.

PEINADO, J.; GRAEML, A. R. **Administração da produção (operações industriais e serviços)**. Curitiba: UnicenP, 2007.

SLACK, N. S. *et al*. **Gerenciamento de operações e processos**. 2. ed. Porto Alegre: Bookman, 2013.

Capítulo 4

Principais métodos de avaliação de estoque

A avaliação de estoque é um processo que interessa não somente ao departamento contábil para a formulação de demonstrações contábeis ou para o pagamento de tributos, mas também à gestão de estoques para se entender o grau de importância de cada unidade de estoque, e, dessa forma, estabelecer processos de revisão e controle mais assertivos. Por isso, na avaliação de estoques, devem ser levados em conta aspectos financeiros ou outros aspectos que determinem o grau de importância para a empresa de cada produto armazenado.

A avaliação financeira do estoque inclui a determinação do valor dos produtos armazenados com base no preço de custo e também dos produtos fabricados pela própria empresa com base nos custos envolvidos na fabricação; a avaliação de estoques pelo grau de importância combina o custo unitário com a frequência de utilização, relacionando cada produto ou cada unidade de manutenção de estoque (SKU, ou stock keeping unit) com o investimento realizado e a frequência com que é utilizado, ou ainda com o nível de serviço pretendido.

Neste capítulo serão estudados os seguintes métodos utilizados na avaliação financeira de estoques: Peps, Ueps, custo médio e preço específico. Serão também analisados os seguintes métodos, concernentes à determinação do grau de atenção que deve ser dispensado a cada produto pela gestão de estoques: a análise ABC, a classificação XYZ e o modelo de lucratividade direta por produto (DPP, ou direct product profitability).

Finalmente será analisado o impacto financeiro dos estoques na rentabilidade das empresas, tendo em conta que um equilíbrio financeiro é obtido quando as aplicações com grau de liquidez baixo, como é o caso dos estoques, são financiadas com capitais próprios ou financiamentos a médio/longo prazo, ou seja, por origens de capital com grau de exigibilidade baixa.

1 Sistemas de avaliação de estoques

Numa avaliação com enfoque financeiro, todos os gastos com materiais que entrem direta ou indiretamente nas operações empresariais devem ser calculados para levar a conclusões quanto à rentabilidade empresarial e evitar que danos financeiros descontrolem o desenvolvimento empresarial. Assim, os estoques, por serem materiais armazenados de reposição periódica e normalmente frutos de investimento significativo, devem ser metodologicamente avaliados em volume físico e financeiro, de forma a poderem incorporar estratégias eficientes de controle gerencial.

As metodologias mais comuns de avaliação financeira de estoques são designadas Peps, Ueps, custo médio e preço específico. As diferenças entre essas metodologias baseiam-se no fato de os valores das aquisições sucessivas do mesmo tipo de produto diferirem no preço de fornecimento, em função de desconto, quantidade ou mesmo de alterações de preço na origem.

1.1 Peps

A avaliação pelo método Peps, que significa "primeiro a entrar, primeiro a sair" (*first in, first out*), é feita pela cronologia das entradas dos materiais em estoque. Ao optarem por esse método, os operadores de armazém dão preferência, na saída de estoque, a um produto já armazenado antes que o lote posterior dê entrada no estoque. Nessas condições, uma avaliação Peps considera o custo real do estoque, não sendo necessário fazer uma estimativa do valor dos produtos em estoque, que são mantidos em contas no ativo com os valores de aquisição, onde as operações realizadas apresentarão lucro real.

Como exemplo, suponhamos que a loja de vestuário Y People recebeu para venda 100 jeans de um novo modelo a um custo unitário de R$ 200,00 ou seja, o estoque inicial (jeans do novo modelo) está avaliado em R$ 20.000,00. Após vender 60 jeans, a loja encomendou outro lote de 100 jeans, mas o fabricante aumentou, nessa nova encomenda, o preço unitário para R$ 220,00. Se a loja aplicar, para avaliação, a metodologia Peps, o valor do estoque na entrada da nova encomenda será a soma de 40 unidades a R$ 200,00 mais 100 unidades a R$ 220,00, isto é, R$ 30.000,00, conforme demonstrado na tabela 1. As primeiras 40 unidades de jeans tiveram um custo de R$ 200,00, e as restantes, um custo de R$ 220,00.

Tabela 1 – Avaliação pelo método Peps

	ENTRADAS			SAÍDAS			SALDO	
DIA	Qte.	Preço	Total	Qte.	Preço	Total	Qte.	Total
1	100	200	20.000				100	20.000
5				60	200	12.000	40	8.000
10	100	220	22.000	40			140	30.000
15				80	200	8.000	100	22.000
					220	17.600	40	4.400

O Peps permite determinar com precisão o lucro de cada operação, sendo o método contábil de avaliação de estoques aceito pela Receita Federal do Brasil para o cálculo de tributos.

1.2 Ueps

Na avaliação pelo método Ueps, que significa "último a entrar, primeiro a sair" (*last in, first out*), o saldo do estoque é avaliado pelo preço da última reposição, que diminui o lucro da operação em caso de subida do preço unitário entre dois abastecimentos. Seguindo o exemplo anterior, se a loja aplicar, para avaliação, a metodologia Ueps, o estoque aparecerá da mesma forma que no método anterior, carregado com o valor real de aquisição; já as saídas do estoque são realizadas prioritariamente com base no valor unitário (normalmente mais alto) do estoque que entrou por último, ocasionando para o mesmo preço de venda um lucro menor (conforme tabela 2).

Tabela 2 – Avaliação pelo método Ueps

	ENTRADAS			SAÍDAS			SALDO	
DIA	Qte.	Preço	Total	Qte.	Preço	Total	Qte.	Total
1	100	200	20.000				100	20.000
5				60	200	12.000	40	8.000
10	100	200	20.000				140	30.000
15				100	220	22.000	40	8.000
				20	200	4.000	20	4.000

Na aplicação dessa metodologia, o valor do estoque remanescente após cada saída é menor do que o que ocorreria se fosse aplicado o Peps, sendo possível afirmar que, economicamente, o valor desse estoque residual deve ser considerado equivalente a uma aplicação de baixa liquidez (ativo fixo). Ao aplicar o método Ueps, como a média de consumo é calculada com base no valor referente ao carregamento do estoque mais recente, é possível ajustar rapidamente preços de venda para manter a lucratividade dos produtos.

O método Ueps tende a diminuir o lucro real das empresas, visto que são repassados aos custos de aquisição dos produtos fatores exógenos, como correção por efeito de inflação, variação de taxa cambial, etc., e por isso ele não é aceito pela Receita Federal do Brasil na precificação de estoques.

1.3 Custo médio

Na avaliação pelo custo médio, o valor do estoque tem por base o preço médio ponderado pelas quantidades fornecidas de todos os suprimentos anteriores ao período de validação. No cálculo do custo médio pode-se utilizar duas variantes do modelo: custo médio de ponderação móvel e custo médio de ponderação fixa.

Na ponderação móvel, o custo médio do estoque é alterado em cada modificação do preço de entrada das mercadorias; já na ponderação fixa, o custo médio é alterado uma vez no período, normalmente no final do mês, considerando a média de preço de todas as entradas anteriores ao momento da análise.

O custo médio ponderado móvel pode ser obtido pela aplicação da fórmula:

$$\mu\alpha = \frac{\sum (Q_i \times P_i)}{N}$$

Em que:

μα – Média ponderada (R$) do custo unitário do estoque do item α.

Qi – Suprimento do item α no período i.

Pi – Preço unitário do item α no período i.

N – Quantidade de materiais α no período i.

Como exemplo de aplicação do custo médio ponderado móvel e com base no exemplo da loja de vestuário Y People (tabela 3), verifica-se que o valor médio dos suprimentos foi alterado pelo aumento do preço unitário do fornecimento no dia 10, tendo passado de R$ 200,00 para R$ 214,30.

$$\mu\alpha = \frac{\sum (Q_i \times P_i)}{N} = \frac{(40 \times 200) + (100 \times 220)}{140} = 214{,}28 \approx 214{,}3$$

O valor unitário de R$ 214,30 será considerado nas baixas de estoque subsequentes até uma nova alteração do preço unitário de fornecimento. Esse método permite que a empresa administre o estoque com elevado grau de precisão.

Tabela 3 – Avaliação pelo método de custo médio ponderado móvel

	ENTRADAS			SAÍDAS			SALDO			
DIA	Qte.	Preço	Total	Qte.	Preço	Total	Qte.	Preço/ un.	Total	Médio/ un.
1	100	200	20.000				100	200	20.000	200
5				60	200	12.000	40	200	8.000	200
10	100	220	22.000				140	220	30.000	214,3
15				120	214,28	25.714	20	214,3	4.286	214,3

Ao aplicar o custo ponderado fixo, a fórmula de cálculo é idêntica; no entanto, o cálculo é realizado uma única vez por período, por exemplo, no final do mês, como apresentado no exemplo da Y People na tabela 4.

Tabela 4 – Avaliação pelo método de custo médio ponderado fixo

	ENTRADAS			SAÍDAS			SALDO			
DIA	Qte.	Preço	Total	Qte.	Preço	Total	Qte.	Preço/ un.	Total	Médio/ un.
1	100	200	20.000				100	200	20.000	200
15	100	220	22.000				200	220	42.000	210
30				180	210	37.800	20	210	4.200	210

O método do custo médio com média ponderada fixa ocasionará diminuição do custo médio unitário em situações de constante aumento de preços e de alta rotatividade de estoque no período em análise. Essa metodologia, quando aplicada sistematicamente, proporciona uma visão sobre a evolução do valor do estoque da empresa.

Na tabela 5 é possível comparar, atendendo ao exemplo da empresa Y People, o custo total do estoque segundo os diferentes métodos de avaliação.

Tabela 5 – Tabela comparativa de modelos de avaliação de estoque

MÉTODO DE AVALIAÇÃO	MENOR CUSTO UNITÁRIO	MAIOR CUSTO UNITÁRIO	AVALIAÇÃO DO ESTOQUE FINAL
Peps	200	220	4.400
Ueps	200	220	4.000
Custo médio ponderado móvel	200	214,3	4.286
Custo médio ponderado fixo	200	210	4.200

A avaliação de estoques impacta diretamente o custo dos produtos ou das matérias-primas utilizadas em sua fabricação, pois qualquer variação de valor repercute nos custos operacionais e, consequentemente, no lucro.

No método Peps, o valor dos estoques mantém-se atualizado ao preço de entrada mais recente de produtos em estoque, normalmente mais elevado, e, por isso, é o método que majora a tributação da empresa, pois ao avaliar prioritariamente os produtos com menor preço de entrada, deixando por último os de preço mais elevado, a empresa maximizará o seu lucro. Já o método Ueps, ao considerar em primeiro lugar os últimos produtos que entraram no estoque, normalmente mais caros, reduz a tributação da empresa, pois apresentará um lucro menor. No método de custo médio ponderado móvel, o estoque é controlado e seu valor é ajustado permanentemente; a avaliação apresentará um valor intermediário entre os outros dois métodos, pois à medida que mercadorias são compradas é refeito o valor dos estoques, garantindo um valor médio do patrimônio armazenado e, consequentemente, maior segurança no cálculo da rentabilidade da empresa.

1.4 Preço específico

Esse método de avaliação de estoques leva em consideração a possibilidade de determinar o preço específico de cada unidade em estoque, sendo o valor total do estoque a soma dos preços específicos de cada unidade existente, isto é, o preço efetivamente pago por cada uma.

Ao aplicar-se essa metodologia, dá-se baixa no estoque de cada unidade pelo respectivo preço específico, o que torna inviável a sua utilização pela maioria das empresas. Pela complexidade de sua aplicação, a modalidade de preço específico é usada em empresas que fabricam maquinário sofisticado, automóveis, grandes equipamentos, etc. Por exemplo, uma revendedora de automóveis sabe exatamente o preço a que adquiriu cada veículo.

1.5 Curva ABC

Na determinação do valor do estoque, deve ser analisado não somente o valor financeiro de cada produto, mas também o respectivo grau de importância, ou seja, qual o valor de utilização desse produto para os processos produtivos. A análise de valor de utilização é determinada pelo volume movimentado pelo produto no período em análise multiplicado pelo valor unitário desse mesmo item (SELEME; PAULA, 2019). Como nem todos os produtos têm a mesma importância para a empresa, devem ser adotadas políticas de gestão de estoques de acordo com o grau de importância de cada categoria de produtos, para que seja possível diferenciar os esforços de controle e os recursos alocados para cada categoria.

O método de avaliação conhecido por curva ABC classifica produtos em três categorias, de acordo com seu valor de utilização, de modo que os gerentes possam se concentrar naqueles que possuem maior valor de utilização para a empresa.

A curva ABC, também conhecida como curva 80-20 ou regra 80/20, foi elaborada por Vilfredo Pareto no final do século XIX. Quando aplicada à classificação de produtos na área da gestão de estoques, parte do princípio de que 80% das vendas são provenientes de 20% dos produtos. Embora essa proporção possa variar, na maioria das observações ela ainda é significativa na diferença entre porcentagem de vendas e quantidade de produtos (TADEU, 2016). O conceito 80-20 é especialmente útil na gestão de estoques, pois permite tomar decisões sobre categorias de produtos, agrupá-los de acordo com seu valor de utilização e gerenciá-los com diferentes níveis de disponibilidade de estoque (BALLOU, 2007).

A classificação ABC, que categoriza produtos em classes de importância ou de valor de utilização, deverá obedecer às seguintes características:

- Classe A – grupo de produtos mais importantes, que devem ser tratados com uma atenção especial. Representam cerca de 20% dos produtos em estoque e respondem por aproximadamente 65% a 80% das vendas.

- Classe B – grupo de produtos em situação intermediária, mas considerados valiosos. Representam cerca de 30% dos produtos em estoque e respondem por aproximadamente 15% a 25% das vendas.

- Classe C – grupo de produtos menos importantes que justificam pouca atenção por parte da administração. Representam cerca de 50% dos produtos em estoque e respondem por aproximadamente 10% a 15% das vendas.

Como expresso no exemplo das tabelas 7 e 8, para a construção da curva ABC devem ser seguidos estes passos:

- Passo 1: identificação do preço unitário por produto.

- Passo 2: determinação do consumo anual em quantidade e em valor.

- Passo 3: hierarquização decrescente dos produtos por valores de consumo anual.
- Passo 4: acumulação sucessiva de valores de consumo do produto, do maior valor para o menor valor de consumo.
- Passo 5: cálculo da porcentagem de cada valor de consumo acumulado em relação ao valor total acumulado.
- Passo 6: realização da análise ABC obedecendo aos seguintes parâmetros (tabela 6):

Tabela 6 – Parâmetros para a construção da curva ABC

EIXO	CLASSE A	CLASSE B	CLASSE C
Consumo (y)	65%-80%	15%-25%	10%-15%
Produtos (x)	Até 20%	Até 30%	Até 70%

Analisemos o seguinte exemplo de classificação de materiais em classes de consumo utilizando a metodologia da curva ABC:

Tabela 7 – Classificação de estoques por meio da análise ABC (passos 1, 2 e 3)

RELAÇÃO DE PRODUTOS ESTOCADOS				
Material	Preço unitário (R$)	Consumo anual (unid.)	Valor do consumo (R$)/ano	Grau
A	1,00	10.000	10.000	8º
B	12,00	19.000	228.000	2º
C	3,00	150.000	450.000	1º
D	6,00	5.500	33.000	4º
E	10,10	6.000	60.600	3º
F	1.200	18	21.600	6º

(cont.)

RELAÇÃO DE PRODUTOS ESTOCADOS				
Material	Preço unitário (R$)	Consumo anual (unid.)	Valor do consumo (R$)/ano	Grau
G	0,60	40.000	24.000	5º
H	2,80	5.000	14.000	7º
I	4,00	1.100	4.400	10º
J	60,00	120	7.200	9º

Tabela 8 – Classificação de estoques por meio da análise ABC (passos 4, 5 e 6)

HIERARQUIZAÇÃO DE PRODUTOS ESTOCADOS					
Grau	Material	Valor do consumo	Valor do consumo acumulado	Porcentagem sobre o valor do consumo total	Classes
1º	C	450.000	450.000	52,8%	A
2º	B	228.000	678.000	79,5%	
3º	E	60.600	738.600	86,6%	B
4º	D	33.000	771.600	90,5%	
5º	G	24.000	795.600	93,3%	C
6º	F	21.600	817.200	95,8%	
7º	H	14.000	831.200	97,5%	
8º	A	10.000	841.200	98,6%	
9º	J	7.200	848.400	99,5%	
10º	I	4.400	852.800	100,0%	

Dado que a análise ABC se baseia na regra de Pareto (regra 80/20), os produtos categorizados na classe A compreendem cerca de 20% do total e representam aproximadamente 80% do total do faturamento da empresa. Em nosso exemplo, são dois os produtos pertencentes à classe A, no total de dez; esses produtos devem ser alvo de atenção especial por parte do gestor de estoques, pois devem ser estabelecidos elevados níveis de serviço e deve-se adotar-se no controle de estoques o modelo de revisão contínua.

Para os dois produtos da classe B, que nesse caso representam 20% dos produtos, podem ser utilizados modelos de revisão contínua ou de revisão periódica, com menores períodos entre pedidos. Os restantes produtos, categorizados na classe C, que representam 60% do total, são menos relevantes em termos financeiros, e, para maior controle, devem ser adotados modelos de revisão periódica com maior tempo entre pedidos.

A representação apresentada no gráfico 1 ajuda a visualizar a importância e a dimensão de cada classe de produtos no processo de gestão de estoques. Nesse exemplo, podemos observar que cerca de 20% dos produtos representam 80% do valor do estoque.

Gráfico 1 – Representação gráfica da análise ABC

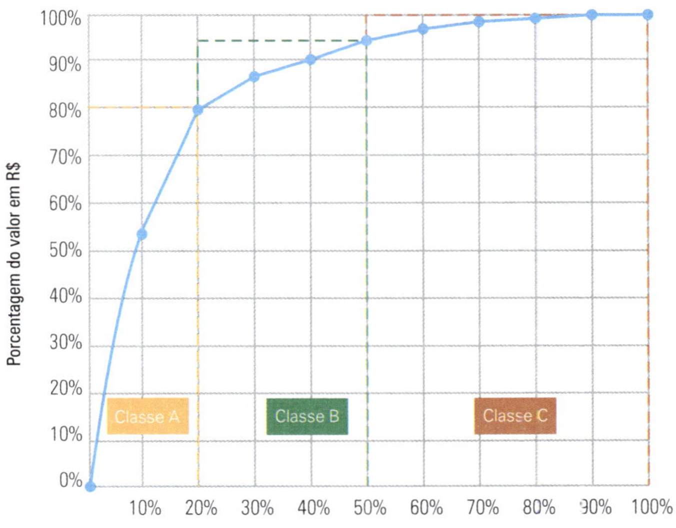

Com base no exemplo apresentado, é possível concluir que o estoque e o aprovisionamento dos produtos da classe A devem ser rigorosamente controlados e o estoque de segurança deverá ser otimizado; já o controle dos produtos da classe C deve ser simplificado, aumentando-se eventualmente o estoque de segurança para apresentar menor risco de ruptura, com pouco ônus ao custo total.

1.6 Classificação XYZ

A análise de produtos pelo valor de utilização pode levar a erros de avaliação, pois certos produtos, embora apresentem valores de consumo pouco significativos, são de grande importância para o funcionamento da empresa, podendo levar à ruptura das operações. É possível suprir essa falha de avaliação classificando produtos segundo sua criticidade para o funcionamento das operações.

Produtos críticos são aqueles que requerem atenção especial, seja por ter elevado custo por serem essenciais às operações ou por outros motivos. A classificação XYZ avalia o grau de criticidade ou de imprescindibilidade do item nas atividades desempenhadas pela empresa. Mendes e Castilho (2009, p. 326) definem as classes de criticidade da seguinte forma (quadro 1):

Quadro 1 – Classificação por importância operacional

	CLASSIFICAÇÃO POR IMPORTÂNCIA OPERACIONAL
Classe	**Definição**
Produtos X	Produtos de baixa criticidade, cuja falta não acarreta paralisações nem riscos à segurança pessoal, ambiental e patrimonial. Possuem elevada possibilidade de serem substituídos por outros equivalentes e elevada facilidade de obtenção no mercado.
Produtos Y	Apresentam grau de criticidade médio ou intermediário, entre os imprescindíveis e os de baixa criticidade. Podem ser substituídos por outros com relativa facilidade, embora sejam vitais para a realização das atividades.

(cont.)

	CLASSIFICAÇÃO POR IMPORTÂNCIA OPERACIONAL
Classe	**Definição**
Produtos Z	São imprescindíveis; não podem ser substituídos por outros equivalentes em tempo hábil para evitar transtornos. A falta desses produtos provoca a paralisação das atividades essenciais da instituição, colocando em risco tanto os profissionais e clientes quanto o ambiente e o patrimônio organizacional. É a classificação máxima.

Fonte: adaptado de Mendes e Castilho (2009, p. 326).

Na determinação do estoque de segurança, paralelamente às modelagens matemáticas estudadas, são utilizadas metodologias como a análise ABC ou a classificação XYZ, que complementam a eficácia dos modelos matemáticos, possibilitando a determinação de um fator de segurança k; além de dimensionar o nível do estoque de segurança, esse fator pode ajudar a corrigir eventuais distorções no suprimento de determinado material (TADEU, 2016).

Ao utilizar o fator k, a gestão de estoques corrige distorções que podem ocorrer em crises periódicas de fornecimento ou de consumo imprevisto (VIANA, 2006), vinculando a classificação ABC, por valor de utilização, à classificação XYZ, por importância operacional de cada produto, de acordo com o respectivo grau de criticidade, conforme expresso na tabela 9.

Nesse caso, o estoque de segurança (ES) poderá ser calculado pela fórmula: $ES = D_{TR} \times k$, sendo D_{TR} a demanda calculada no tempo de ressuprimento.

Como ilustrado na tabela 9, para a mesma classe de produtos – segundo o valor de consumo –, quanto maior for a importância operacional dos produtos, maior será o fator k e, por isso, maior o estoque de segurança. Como apresentado no exemplo, um produto da classe A (análise ABC) com elevada criticidade (classificado como Z na classificação XYZ) apresenta um fator k = 0,5, maior que o fator k = 0,1 para um produto de classe A classificado como X.

Produtos com a mesma importância operacional (classificação XYZ) classificados como A (análise ABC) apresentam um fator k menor do que o de um produto de classe B, e este apresenta um fator k menor do que o de um produto de classe C, pois os estoques dos produtos de elevado valor de consumo deverão ser sujeitos a controle de revisão contínuo, possibilitando que haja estoques de segurança reduzidos. Já para os produtos B e C a revisão dos estoques poderá ser periódica, com intervalos de tempo aumentando de B para C, o que se traduz em aumento do estoque de segurança.

Tabela 9 – Exemplo de fator de segurança k

IMPORTÂNCIA OPERACIONAL DO MATERIAL (CLASSIFICAÇÃO XYZ)	VALOR DE CONSUMO (ANÁLISE ABC)	FATOR K APROXIMADO
Z	A	0,5
	B	0,7
	C	0,9
Y	A	0,3
	B	0,4
	C	0,8
X	A	0,1
	B	0,2
	C	0,6

Fonte: adaptado de Viana (2006, p. 151).

A análise ABC, que classifica os produtos pelo valor de utilização, combinada com a classificação XYZ, que identifica produtos conforme necessidades para a manutenção das atividades da empresa, permite estimar o estoque de segurança com base num fator de segurança k, ajustando os modelos probabilísticos anteriormente analisados.

1.7 Lucratividade direta do produto

Algumas redes de varejo alimentar, para apurarem a contribuição de cada produto para o lucro da empresa, utilizam o modelo de lucratividade direta do produto, que avalia o custo direto das atividades logísticas envolvidas no deslocamento de cada produto por seu sistema logístico e, em particular, avalia o preço específico de uma dada unidade ou de uma categoria de produtos; dessa forma, identificam-se produtos com maior margem e que merecem maior atenção e outros que eventualmente devem ser descontinuados.

A lucratividade direta do produto (direct product profitability), definida como "um método contábil utilizado para determinar a contribuição de cada SKU[1] para o lucro global por meio do refinamento das margens brutas" (IMAM, 2020), é uma ferramenta de tomada de decisão que auxilia o comerciante de alimentos ao fornecer uma melhor indicação da rentabilidade dos produtos nas gôndolas do supermercado, por exemplo.

Segundo Christopher (2010, p. 111)

> a contribuição do lucro líquido das vendas de um produto, depois de adicionadas as sobretaxas e subtraídos todos os custos que podem ser racionalmente alocados ou atribuídos a um produto específico, gera a rentabilidade direta do produto.

A lucratividade direta do produto pode ser calculada da seguinte forma (quadro 2):

---

[1] Referência que designa cada item de acordo com suas particularidades na forma de apresentação, tamanho, cor ou outras características.

Quadro 2 – Cálculo da lucratividade direta do produto

	Vendas
–	Custo mercadorias vendidas
=	Margem bruta
+	Subsídios e descontos
=	Margem bruta ajustada
–	Custos de armazenagem Mão de obra Ocupação (espaço, volume) Estoque (estoque médio)
–	Custos de transporte (volume)
–	Custos de varejo Mão de obra de estocagem Mão de obra da loja Ocupação Estoque
=	Lucratividade direta do produto

Na perspectiva dos fornecedores, a lucratividade direta do produto permite otimizar os projetos de produtos, alterar as dimensões das embalagens e o ritmo de entrega, entre outras medidas, de forma a reduzir custos dos clientes e potencializar sua estratégia de atendimento. Já para os varejistas, permite comparar produtos diferentes, ajustar políticas de *merchandising* e decidir sobre a descontinuidade de determinado produto.

2 Impacto financeiro da gestão de estoques

Para a maioria das empresas, os estoques representam um forte impacto financeiro, não só pela mobilização de capital que acarretam, mas também por seus custos de manutenção. Um aumento do nível de estoques afeta fortemente a rentabilidade empresarial; já reduções de níveis de estoque facilitam o equilíbrio da tesouraria ao contribuir para a diminuição do capital de giro, aumentando a liquidez da empresa.

Um dos pressupostos do equilíbrio financeiro empresarial é que aplicações com baixo grau de liquidez (por exemplo: imobilizados) sejam financiadas por origens com baixa exigibilidade (por exemplo: empréstimos a longo prazo) e, consequentemente, que ativos circulantes (estoques, dívidas de clientes, depósitos bancários e caixa) equivalham aos passivos circulantes (dívidas de curto prazo; dívidas a fornecedores), pois, dessa forma, seriam evitadas rupturas de tesouraria. No entanto, como essa hipótese não leva em conta os lapsos de tempo entre a venda e o recebimento ou entre a compra de produtos e o respectivo pagamento, sua ocorrência é pouco provável, e, caso não se verifique, é possível que haja uma ruptura na tesouraria. Cabe à gestão da tesouraria assegurar que o valor dos ativos circulantes seja superior ao dos passivos circulantes, caracterizando essa diferença como capital de giro líquido, o que garante à tesouraria uma margem de segurança e o equilíbrio financeiro da empresa.

Numa perspectiva de gestão de estoques, o capital de giro necessário, que assegura o equilíbrio da tesouraria, corresponde a: crédito concedido a clientes (relacionado ao prazo médio de recebimento) + estoques (relacionado ao estoque médio) – crédito obtido de fornecedores (relacionado ao prazo médio de pagamento).

Se o capital de giro necessário ao gerenciamento dos estoques é superior ao capital de giro previsto pela tesouraria, devem ser tomadas medidas de redução de estoque sempre que não seja viável alterar prazos de pagamento a fornecedores ou de recebimento de clientes. Nessas condições, e uma vez que os estoques representam a parte menos líquida do ativo circulante, uma redução de estoques resultante de um planejamento que garanta um menor tempo de permanência dos produtos armazenados e, assim, diminua o estoque médio é a opção correta para o equilíbrio da tesouraria.

Considerações finais

Neste capítulo estudamos a valoração de estoques, apresentada segundo duas perspectivas: a financeira e a de valoração por utilização ou criticidade. Foram analisadas várias metodologias de avaliação de estoques pela perspectiva financeira, utilizadas em processos contábeis e de equilíbrio da tesouraria.

Na avaliação de estoques por valor de utilização, ficou clara a necessidade de avaliar a criticidade de cada produto complementarmente ao seu valor e à frequência de utilização, pois determinado item poderá ter uso limitado; no entanto, se o produto for imprescindível ao funcionamento da principal operação da empresa, deverá ser alvo de especial atenção no que diz respeito à sua aquisição e controle. Inversamente, podem existir produtos em estoque que apresentam um valor de utilização significativo, mas que não apresentam riscos ao funcionamento da empresa; nesses casos deve-se considerar a possibilidade de minimizar o estoque de segurança e adaptar/adotar sistemas de controle com revisão contínua, ou seja, as metodologias ABC e XYZ, que devem ser utilizadas de forma complementar para avaliar estoques e otimizar a rentabilidade empresarial.

Estoques, ao constituírem um dos principais ativos empresariais, impactam diretamente a lucratividade das empresas, e, por isso, devem ser avaliados com base em modelos que simultaneamente garantam uma leitura correta dos custos envolvidos na sua aquisição e manutenção e sejam modelos aceitos pela Receita Federal do Brasil; em outra perspectiva, os estoques devem ser avaliados levando em conta não somente o seu valor de utilização, mas também a importância que têm para o funcionamento normal das operações empresariais.

Referências

BALLOU, R. H. **Gerenciamento da cadeia de suprimentos**: logística empresarial. Porto Alegre: Bookman, 2007.

CHRISTOPHER, M. **Logística e gerenciamento da cadeia de suprimentos**. São Paulo: Cengage Learning, 2010.

INSTITUTO DE MOVIMENTAÇÃO E ARMAZENAGEM DE MATERIAIS (IMAM). **Dicionário de logística on-line**. 2020. https://www.imam.com.br/logistica/dicionario-da-logistica. Acesso em: 1º mar. 2021.

KRAJEWSKI, L. *et al*. **Administração de produção e operações**. São Paulo: Pearson Prentice Hall, 2017.

MENDES, K. G. L.; CASTILHO, V. Determinação da importância operacional dos materiais de enfermagem segundo a classificação XYZ. **Journal of the Health Sciences Institute**, v. 27, n. 4, 2009. Disponível em: http://files.bvs.br/upload/S/0104-1894/2009/v27n4/a1628.pdf. Acesso em: 1º mar. 2021.

SELEME, R.; PAULA, A. **Logística**: armazenagem e materiais. Curitiba: Intersaberes, 2019.

TADEU, H. F. **Gestão de estoques**. São Paulo: Cengage Learning, 2016.

VIANA, J. J. **Administração de materiais**: um enfoque prático. São Paulo: Atlas, 2006.

Capítulo 5

Gestão de estoque

A volatilidade da demanda é um dos maiores desafios que as empresas devem enfrentar atualmente, pois o ambiente econômico muda de forma imprevisível, impactando o poder de compra do consumidor. O dinamismo dos mercados impulsiona a inovação e novos produtos são lançados nos mercados de forma ininterrupta, tornando obsoletos produtos acabados que estavam aptos para serem comercializados e provocando a corrida dos consumidores aos novos produtos, o que pode levar à ruptura dos estoques no varejo. Essas são algumas das perturbações que afetam toda a cadeia de abastecimento, levando a variações de estoques e provocando custos adicionais em todas as etapas do sistema logístico. O desafio atual das empresas é ajustar o nível de estoque às oscilações da demanda, de forma a otimizar a eficiência das operações e garantir o nível de serviço acordado.

A resolução desse problema passa pela flexibilização das cadeias de abastecimento, de forma a adaptá-las facilmente às alterações ambientais e em especial ao dinamismo dos mercados; é dessa forma que elas conseguirão realizar eficazmente suas operações com níveis de estoque apropriados, devido ao acesso facilitado e rápido a eles, que nem sempre estão disponibilizados junto às operações.

Neste capítulo serão analisados os fatores condicionantes da localização de depósitos e as metodologias que garantem o funcionamento correto das operações empresariais, sem excessos nem rupturas de estoques.

1 Localização dos depósitos

No processo decisório sobre a localização de depósitos, a manutenção de estoques armazenados em área anexa à de operações pode não ser a melhor opção, pois outros fatores podem condicionar essa decisão. Entre eles estão:

- A proximidade de matérias-primas – como exemplo, as grandes *tradings* mantêm silos de armazenagem próximos aos locais de produção agrícola, distantes por vezes mais de 2.000 km dos portos.
- A proximidade do mercado consumidor – como exemplo, as grandes distribuidoras necessitam de centros de distribuição que assegurem o abastecimento de vários pontos de venda e que devem estar localizados de forma a otimizar suas operações.
- Os custos do imóvel – muitas empresas ainda mantêm operações em regiões nobres, em imóveis muito valorizados, como as grandes redes de distribuição; manter estoques anexos ao varejo diminuiria a área de atendimento, impactando a rentabilidade.

A decisão de localização de um depósito leva em conta a especificidade de cada empresa, que deverá equacionar a possibilidade de armazenar estoques – matérias-primas ou produtos acabados – em localização afastada da área de produção, sem prejuízo da continuidade das operações nem aumento de custos operacionais.

Na escolha do local para instalação de um depósito separado da operação da empresa, deve-se identificar, em primeiro lugar, qual região apresenta melhores condições, levando em conta os aspectos estratégicos e operacionais do negócio, como a proposta de valor e o nível de serviço que se pretende oferecer ao mercado; na sequência, deve-se considerar os aspectos econômicos e operacionais, tais como o custo do imóvel e sua respectiva manutenção, a acessibilidade física e a disponibilidade de mão de obra (BOWERSOX *et al.*, 2014).

Ao escolher a melhor região para a instalação, devem ser considerados os seguintes fatores, que influenciam na decisão com diferentes intensidades:

- distância da empresa em relação aos mercados (clientes);
- distância das fontes de insumos (fornecedores);
- fatores de risco dos produtos armazenados (perecibilidade, periculosidade, valor);
- frequência na utilização de insumos;
- facilidade de acesso às instalações (interdição de circulação, rodízios, etc.);
- disponibilidade de mão de obra;
- qualidade de vida dos trabalhadores e da vizinhança.

Em processos de escolha da localização, pode ser utilizado o modelo de ponderação qualitativa, como o expresso no exemplo da tabela 1 (MOREIRA, 2012). Nesse modelo, a cada fator que impacta o processo de escolha é atribuído um peso segundo sua importância relativa para o negócio e uma nota de acordo com cada região considerada; o somatório das médias ponderadas referentes às localidades em análise permitirá optar pela região que apresente maior pontuação. No exemplo, a empresa optaria pela região B.

Tabela 1 – Exemplo de modelo de ponderação qualitativa

FATOR	PESO PI	REGIÃO A		REGIÃO B	
		FAI	PI × FAI	FBI	PI × FBI
Distância dos clientes	3	6	18	4	12
Distância dos fornecedores	1	4	4	8	8
Disponibilidade de mão de obra	2	6	12	10	20
Acessibilidade dos trabalhadores	2	2	4	10	20
Disponibilidade de assistência médica	3	8	24	4	12
Qualidade de vida dos trabalhadores	3	10	30	6	18
Disponibilidade de energia e internet	3	4	12	10	30
TOTAL			104		120

Notas sobre a construção do modelo: Considera-se na coluna "PESO" as seguintes ponderações: muito importante (3); importante (2); pouco importante (1).

As notas (0-10) são atribuídas a cada fator por interpretação dos dados ou por julgamento do analista.

Após identificar a região, a localização pode ser definida utilizando os dados com base em custos de imobilizado e de transporte. A decisão quanto à localização pode ser realizada com base na movimentação prevista e nos custos fixos e variáveis para cada localidade, calculando a alternativa que proporcione o maior lucro ou o menor ponto de equilíbrio (MOREIRA, 2012).

2 Modelos de gestão relacional/colaborativa

A eficiência da gestão de estoques está condicionada ao dinamismo das alterações ininterruptas e imprevisíveis do ambiente de negócios. Dada a crescente interdependência das empresas participantes das cadeias de abastecimento, somente sistemas logísticos integrados, flexíveis e ágeis poderão garantir a otimização de estoques nas cadeias de abastecimento.

Enquanto a cadeia de abastecimento tradicional é baseada na otimização da produção e do transporte através do cálculo de quantidades econômicas de produção e encomenda, no novo modelo de agilidade a cadeia de abastecimento passa a ser baseada na informação, que deve modificar mais precocemente a característica de cadeia empurrada para cadeia puxada e pautar a sua gestão em sua eficiência e eficácia, para não só poder dar respostas rápidas às necessidades do mercado, como para ter capacidade de rápida adaptação.

PARA SABER MAIS

Nos sistemas baseados em cadeias de abastecimento puxadas, a demanda puxa produtos e respectivos componentes para o mercado, tornando crucial a difusão da informação ao longo da cadeia; nos sistemas empurrados, os produtos são "fabricados ou montados em lotes em antecipação à demanda e são posicionados na cadeia como amortecedores entre as diferentes funções e entidades" (CHRISTOPHER, 2010, p. 141).

Razzolini Filho (2011) propõe 13 etapas a serem seguidas para implementar sistemas logísticos flexíveis (quadro 1), pois somente dessa forma é possível atender à necessidade de respostas rápidas solicitadas pelos clientes, adicionando valor às demandas.

Quadro 1 – Etapas para implementar sistemas logísticos flexíveis

1	Identificar necessidades da organização em relação ao sistema logístico com base em uma visão de mercado (externa) em termos de subsistemas de suprimentos, produção e distribuição.
2	Definir recursos necessários para o bom funcionamento do sistema logístico (físicos ou materiais, financeiros, tecnológicos, humanos, de comunicação), visando maximizar sua utilização.
3	Tomando por base o planejamento estratégico da organização, projetar expansões necessárias a longo prazo.
4	Mapear todos os processos de cada um dos subsistemas logísticos, bem como os fluxos logísticos (de informações, físicos e financeiros).
5	Identificar cada atividade envolvida nos processos logísticos.
6	Estudar formas de simplificar e padronizar processos/atividades.
7	Planejar mecanismos de controle que possibilitem o acompanhamento operacional dos processos e das atividades do sistema logístico.
8	Estabelecer o nível de serviço desejado para cada classe de clientes.
9	A partir da flexibilidade desejada, efetivar o desenho do sistema logístico.
10	Implementar o sistema logístico desenhado, com intenção de obter flexibilidade.
11	Avaliar periodicamente o desempenho de cada subsistema logístico em termos financeiros (custos e rentabilidade); de produtividade (eficiência do sistema logístico); de tempo (capacidade de resposta do sistema); e de nível de serviço (qualidade do serviço oferecido aos clientes para satisfazer e/ou superar suas expectativas).
12	Auditar periodicamente cada subsistema logístico, usando como referência a definição de um programa periódico de auditoria.
13	Retroalimentar todo o processo visando ao aprimoramento contínuo.

Fonte: adaptado de Razzolini Filho (2011, p. 45-46).

As técnicas utilizadas para flexibilizar estoques na cadeia de abastecimento dependem do setor de atividade da empresa. Quando matérias-primas são movimentadas em grandes volumes, constituindo elevados estoques em trânsito ou armazenados, podem ser aplicadas técnicas de consolidação para otimizar o custo unitário (RAZZOLINI FILHO, 2011). Já produtos com grande rotatividade (fast moving goods) requerem das empresas muita agilidade e necessitam de técnicas com maior foco na dinâmica do mercado consumidor, dentre as quais se destacam: a postergação, o ECR (efficient consumer response), o CPFR (collaborative planning, forecasting and replenishment), o CR (continuous replenishment) ou o VMI (vendor managed inventory).

2.1 Consolidação

A consolidação está relacionada ao sistema de transporte e tem como fundamento viabilizar o transporte de grandes volumes de cargas. Para possibilitar operações consolidadas, é necessária informação segura relativa à situação do estoque atual e do estoque planejado, devendo as consolidações ser planejadas antes do processamento e da seleção de pedidos para evitar atrasos (BOWERSOX *et al.*, 2014). Normalmente a movimentação de grandes volumes de carga exige a constituição de estoques elevados, de forma a reduzir o custo unitário de transporte; a otimização dos custos derivados dos elevados volumes de estoques pode ser obtida realizando um planejamento produtivo, sincronizado com a programação das entregas.

Quando os volumes a transportar não garantem economia de escala, as empresas podem criar armazenamentos intermediários onde cargas consolidadas são separadas e recondicionadas para entregas programadas ou entregas em quantidades menores por empresas terceirizadas.

A consolidação permite a movimentação de estoques com custos unitários menores e a redução de custos em atividades que não agregam valor (armazenagem), utilizando, por exemplo, sistemas de cross-docking, isto é, quando produtos saem do fornecedor diretamente para o varejista, sem parar nem desviar para o estoque nos depósitos (BOWERSOX *et al.*, 2014).

2.2 Postergação

O princípio de postergação, atribuído a Louis Bucklin (STERN; EL-ANSARY, 1992), ensina que a eficiência nas cadeias de abastecimento é potencializada pelo adiamento das mudanças, da forma e da identidade dos produtos até o ponto mais próximo possível da sua comercialização, como é o caso da produção e comercialização de tintas pelos supermercados. O ponto de desacoplamento é antecipado (figura 1), deslocado para o mais a montante possível da cadeia de abastecimento, e toda a logística de montagem/produção terá de funcionar puxada, ocasionando um menor número de processos baseados em previsões e resultando em uma demanda agregada e mais fácil de prever, com menores estoques de produtos intermediários.

Figura 1 – Ponto de desacoplamento em técnicas de postergação

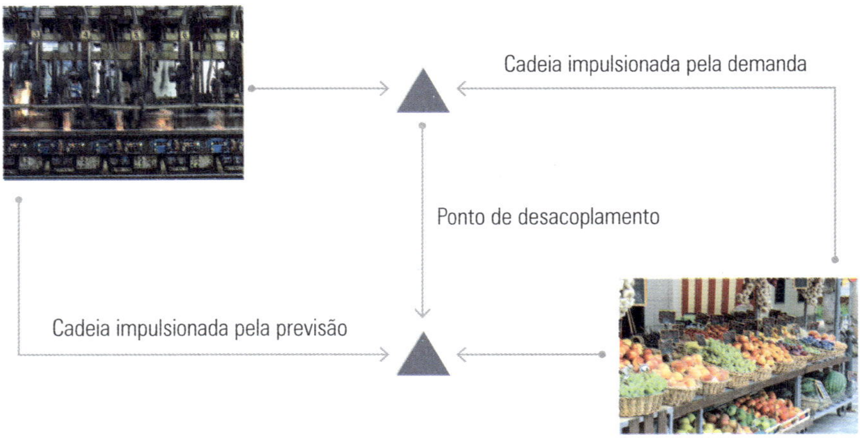

IMPORTANTE

O ponto de desacoplamento é a posição da cadeia de abastecimento onde o fluxo deixa de ser empurrado e passa a ser puxado.

São dois os tipos de postergação (BOWERSOX *et al*, 2014):

- Postergação de produção – quando os produtos finais são fabricados um de cada vez, sem nenhum trabalho preparatório nem compras de componentes, até que especificações dos clientes estejam definidas e o pedido de compra esteja concretizado.
- Postergação logística – quando um estoque completo de produtos acabados é mantido em local estratégico e somente após o pedido se inicia o processo de distribuição.

A utilização de sistemas logísticos de postergação de produção é possível quando existe grande permutabilidade de elementos que compõem produtos finais; nessas condições as instalações logísticas são utilizadas para realizar simples operações de produção e montagem, e o estoque de produtos acabados é substancialmente reduzido. Na postergação logística, o produtor mantém em determinada localização estratégica um estoque completo de produtos acabados que são enviados aos clientes no momento dos pedidos. Nesse sistema, o produtor mantém a economia de escala da produção e compensa o custo de armazenar maior quantidade de produto com a redução de custo do transporte entre a fábrica e o depósito; já para o cliente o investimento em estoque é reduzido, garantindo um nível de serviço altamente confiável.

Nas cadeias de abastecimento empurradas, o confronto resultante das relações tradicionais de compra e venda entre empresas provoca falta de sincronismo e de alinhamento de processos:

> Os paradigmas de relacionamento confrontacional entre elos das cadeias de abastecimento sem alinhamento, sincronização e colaboração resultam tipicamente em ineficiências, operações redundantes e sem valor acrescentado, aumento de estoques nas fronteiras, aumento de estoques de segurança, lógicas de lotes de dimensão elevada e lógicas oportunistas; todos contribuindo para a amplificação da variabilidade e imprevisibilidade da demanda ao longo da cadeia, também conhecidos como efeito bullwhip. (CARVALHO, 2012, p. 70)

Visando aumentar a eficiência do sistema logístico no que se refere à mobilidade de produtos ao longo da cadeia de abastecimento, novos modelos de gerenciamento foram desenvolvidos. As cadeias de abastecimento empurradas deram lugar a cadeias de abastecimento puxadas de fluxo continuado de abastecimento, com base nas informações on-line, que vão chegando das empresas situadas mais à jusante da cadeia.

Nos vários modelos desenvolvidos para cadeias de abastecimento puxadas, o sincronismo entre as empresas que as compõem é fator crítico à agilidade da operação, que somente é viável com a partilha de informações entre clientes e fornecedores, para diminuir níveis de estoque e manter o nível de serviço oferecido.

Esses modelos são utilizados majoritariamente pelo varejo, em que empresas aproveitam a maior parte da área dos pontos de venda para a exposição de produtos; consequentemente os armazéns de apoio têm pequena dimensão, sem possibilidade de estocar produtos para reabastecimento regular do ponto de venda, necessitando de maior eficácia no processo de reposições de estoques.

2.3 VMI (vendor managed inventory)

No conceito de VMI a responsabilidade da gestão de estoques é transferida para o fornecedor, que monitoriza os níveis de estoque com base em informações de níveis de estoque que o cliente fornece, assumindo a responsabilidade pela reposição de forma a garantir o nível de serviço acordado (CARVALHO, 2012).

Essa técnica permite evitar a duplicação de estoques (fornecedor e cliente). Os estoques podem ser disponibilizados sob consignação ou depender das negociações entre fornecedor e cliente; esse processo começou a ser aplicado na indústria alimentar e a produtos de grande consumo e tem se alastrado a outros setores de atividade, sofrendo várias adaptações conforme as características de produtos e de mercados, caso da categoria FLV (frutas, legumes e verduras) em redes de supermercados.

O VMI apresenta vantagens para fornecedores e clientes: o fornecedor pode acompanhar a evolução das vendas dos seus produtos mais de perto e ganha flexibilidade para balancear a produção e otimizar as cargas dentro dos limites de estoques negociados com os clientes; já o cliente, ao entregar a gestão de parte do processo ao fornecedor, diminui riscos e custos decorrentes da posse de estoques.

2.4 CR (continuous replenishment)

Reposição contínua (ou continuous replenishment) é uma forma de gerenciamento pelo vendedor dos seus estoques disponibilizados nos pontos de venda, utilizada sobretudo em mercadorias de grande giro (fast moving goods) com base em informações sobre venda dos produtos recebidas dos clientes. Permite repor os produtos no ponto de venda de forma rápida e conforme a demanda (RAZZOLINI FILHO, 2011).

A técnica de CR parte do conceito de reposição desenvolvida no VMI e leva mais longe a sincronização. As reposições são frequentes, e, se existir um nível de integração elevado entre cliente e fornecedor, pode-se garantir um fluxo quase contínuo de produtos, de acordo com o consumo.

A diferença entre o CR e o VMI tem a ver com a maior rapidez nos fluxos de informação recebidos do cliente (normalmente on-line). A reposição dos produtos é de responsabilidade dos fornecedores e efetuada automaticamente, de forma a repor níveis de estoque preestabelecidos, acordados com o cliente, mas sem pedido formalizado.

O estoque do cliente é "transferido" para o fornecedor, que perde a possibilidade de otimizar sua produção e transporte, mas passa a ter informação atualizada sobre a demanda do seu produto.

2.5 CPFR (collaborative planning, forecasting and replenishment)

O CPFR, ou planejamento colaborativo para a previsão da reposição de estoques, é uma técnica que aparece na sequência do VMI/CR. Enquanto nestas técnicas a ênfase é na gestão das informações instantâneas, no sistema CPRF a partilha de informação cliente/fornecedor tem um horizonte mais largo e se assenta na previsão (*forecast*). Em processos que utilizam as técnicas de CPFR, "ocorre o planejamento conjunto entre parceiros da cadeia logística que trabalham com previsões comuns, além de condições preestabelecidas e acordadas para comunicação conjunta e reposição de estoques" (RAZZOLINI FILHO, 2011, p. 59).

Comparando esse conceito com os de VMI ou de CR, podemos deduzir que no CPFR é maior a segurança do produtor ao constituir estoques, podendo diminuí-los e ajustar seus planos de produção às previsões elaboradas com informações compartilhadas com os clientes. Para os clientes, o CPFR permite diminuir estoques no ponto de venda sem prejuízo de ruptura e do nível de serviço e reduzir de custos de planejamento e de encomenda.

2.6 QR (quick response)

A QR, ou resposta rápida, é uma iniciativa da indústria têxtil baseada no conceito de just-in-time, que visa harmonizar a reposição de produtos no varejo de moda, conectando as operações dos produtores com varejistas de forma a obter uma resposta rápida às alterações de demandas de clientes num mercado altamente volátil como é o da moda. Essa iniciativa pressupõe que os dados obtidos no ponto de venda (point-of-sale – POS) sejam compartilhados ao longo da cadeia de abastecimento, permitindo rápida adaptação às mudanças da demanda de clientes no varejo.

Na aplicação desse conceito, o estoque de componentes e produtos no canal de abastecimento diminui, e alterações súbitas de comportamento de compra impactarão uma menor quantidade de estoque acabado e em produção.

Pela dificuldade de difusão de informações ao longo da cadeia de abastecimento da moda, normalmente muito dispersa e composta por empresas de pequena dimensão, a QR tem dado lugar ao fabrico de menores lotes de produtos de moda diferenciados, inseridos no mercado de forma sucessiva, em intervalos mais curtos – iniciativa que se designa *fast fashion* –, reduzindo, dessa forma, a obsolescência de matérias-primas e de produtos acabados.

2.7 ECR (efficient customer response)

O termo ECR (ou resposta eficiente do consumidor) (figura 2) refere-se a uma estratégia em operações de distribuição em que fornecedor e distribuidor (varejista) trabalham com informações compartilhadas para aumentar o desempenho da cadeia de abastecimento e melhor servir ao consumidor, integrando processos logísticos e comerciais ao longo de toda a operação de logística integrada.

O ECR examina a cadeia de valor de produtores e distribuidores para identificar melhorias, eliminar atividades sem valor agregadas à cadeia e propor alterações nas práticas de negócio e na utilização das tecnologias, de forma a melhor satisfazer os desejos do consumidor, de maneira mais rápida e ao menor custo. Para isso, organiza a gestão por categorias (oferta baseada em determinada categoria de produto, e não em marcas) e segundo as informações do ponto de venda, definindo o lançamento de novos produtos ou promoções.

O ECR utiliza as técnicas de reposição contínua, servindo-se da transferência eletrônica de dados (EDI). Otimiza sortimentos, ajustando categorias de produtos; estrutura promoções com base em redução de preços ou em *cross-merchandising* (na compra de um produto, ganhe outro); e reúne fabricante e distribuidor em processos de desenvolvimento de novos produtos.

Figura 2 – Esquema de uma operação em ECR

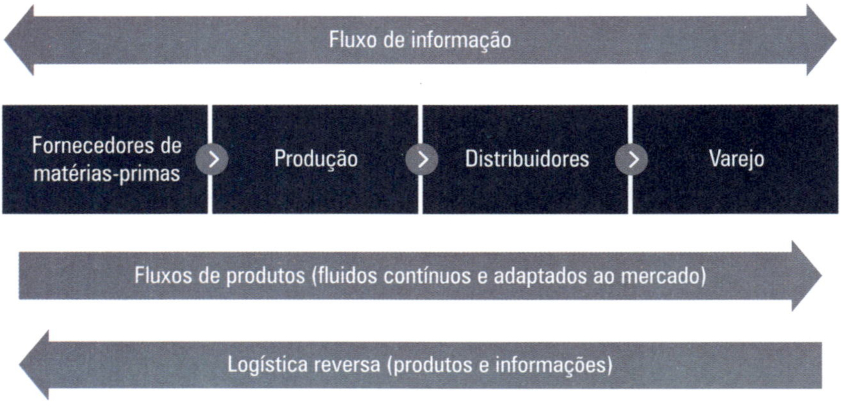

O processo de ECR é um modelo estratégico de negócios com o qual fornecedores e varejistas trabalham de forma integrada, objetivando melhorar a eficiência na cadeia de abastecimento e entregando maior valor agregado ao cliente/usuário final (RAZZOLINI FILHO, 2011, p. 66). É um modelo em que se procura relacionar as programações de produção com a cadeia de abastecimento e a expedição dos produtos acabados. A estratégia ECR permite aumentar simultaneamente a rentabilidade de operações e o nível de satisfação do consumidor final, reduzindo estoques na origem, em trânsito e no ponto de venda e garantindo a reposição eficiente dos produtos no ponto de venda.

Considerações finais

A importância de transformar as cadeias de abastecimento em fluxos contínuos de abastecimento torna-se cada vez mais saliente, pois as empresas tendem a prestar maior atenção a todas as atividades que não agregam valor ao produto final; entre essas atividades estão os estoques armazenados, esperando destinação. Neste capítulo foram analisados vários modelos de gerenciamento de cadeias de abastecimento que objetivam transformar o processo de movimentação de estoques em fluxo continuado (sem paragens), ou seja, visam agilizar as cadeias de abastecimento. Para isso, foi enfatizada a importância da localização de depósitos de armazenagem de estoques (matérias-primas e produtos acabados) e da utilização da informação em operações de abastecimento e foram apresentados vários modelos de gestão de cadeias de abastecimento gerenciadas a partir de informações coletadas nos mercados consumidores.

Referências

BOWERSOX, D. J. *et al*. **Gestão logística da cadeia de suprimentos**. Porto Alegre: AMGH, 2014.

CARVALHO, J. C. **Logística e gestão da cadeia de abastecimento**. Lisboa: Sílabo, 2012.

CHRISTOPHER, M. **Logística e gerenciamento da cadeia de suprimentos**. São Paulo: Cengage Learning, 2010.

MOREIRA, D. A. **Administração da produção e operações**. São Paulo: Cengage Learning, 2012.

RAZZOLINI FILHO, E. **Logística empresarial no Brasil**. Curitiba: Ibpex, 2011.

STERN, L. W.; EL-ANSARY, A. I. **Marketing channels**. New Jersey: Prentice Hall, 1992.

Capítulo 6

Manuseio e classificação dos materiais

Os estoques representam para as empresas o seu agente carburante; por isso, devem ser tratados de forma cuidadosa e controlada, garantindo o funcionamento das operações comerciais e de produção, sem que, contudo, haja excessos na quantidade armazenada para não gerar impactos negativos na rentabilidade financeira. Cabe à gestão de estoques garantir o equilíbrio dos estoques com a demanda, definindo parâmetros de suprimento, acompanhando sua evolução e tornando necessária a identificação e o controle de cada material armazenado.

Os materiais, necessários à produção de produtos ou de serviços, à manutenção e ao funcionamento dos serviços administrativos formam grupos ou classes que comumente constituem a classificação de materiais. Essa classificação pode ser efetuada de diversas formas, mas tem como principal objetivo a identificação dos materiais.

Um supermercado poderá ter mais de 50.000 referências. Como poderemos saber de forma rápida se determinado produto está sendo vendido de acordo com as nossas expectativas? Como poderemos saber o montante de litros de leite de determinado fornecedor que está sendo vendido? Todas essas questões serão mais facilmente respondidas se os produtos estiverem identificados/codificados e forem facilmente localizados, pois ao aliar a codificação ao endereçamento no armazém "permite-se que os operadores localizem o produto correto, no local correto e pelo caminho correto, independentemente da automatização dos sistemas de armazenagem e recuperação" (SELEME; PAULA, 2019, p. 216).

Neste capítulo estudaremos a importância da classificação de materiais e as várias modalidades que são utilizadas pelas empresas nos processos de classificação e codificação.

1 Classificação de materiais: catalogação, especificação, normalização, codificação, padronização, identificação

Com o dinamismo do desenvolvimento industrial, a variedade de materiais – matérias-primas, componentes ou produtos acabados – aumentou vertiginosamente, levando a um maior número de materiais utilizados em processos produtivos e de produtos acabados. O aumento da variedade de materiais reflete-se no controle dos estoques, que passaram a ter papel fundamental no desempenho empresarial; porém cada processo utiliza, dentre uma enorme variedade de materiais disponibilizados, determinado tipo de material que deve ser facilmente identificado, o que torna a classificação uma necessidade no processo de gerenciamento de estoques.

Uma possível classificação de estoques agrupa as seguintes categorias:

- matérias-primas;
- embalagens, peças ou componentes comprados;
- produtos em processos;
- produtos acabados.

Esse tipo de divisão é genérico, pois abrange não somente materiais individualmente, mas o estágio em que se encontram no processo de transformação; é útil quando se medem valores agregados, porém não identifica individualmente cada material.

A identificação de mercadorias pressupõe não somente a sua classificação, mas também uma codificação que facilite o respectivo endereçamento, isto é, o local onde estão armazenadas na origem ou no processo de comercialização. Segundo Pozo (2010, p. 162), "o objetivo da classificação e da codificação de materiais e recursos patrimoniais da empresa é simplificar, especificar e padronizar com uma numeração todos os bens da empresa, tanto os materiais como os patrimoniais".

Em processos de classificação, materiais podem ser agrupados de várias formas, conforme a visão de cada empresa, em categorias como: estado de conservação, utilização, natureza, etc., e, por isso, no momento do cadastro, os materiais devem ser classificados em grupos e subgrupos, criados conforme as necessidades de agrupamento dos materiais de cada empresa.

As empresas que abordam a classificação dos materiais como um mecanismo de controle podem utilizar os seguintes critérios (COSTA, 2002, p. 21):

> a. Quanto à industrialização – referindo as características específicas.
>
> b. Quanto ao aspecto contábil – utilizada para diferenciar tipos de produtos no momento de apuração de tributos.

c. Quanto à demanda – intensidade do nível da procura dos produtos.

d. Quanto à movimentação – leva em conta a facilidade na acessibilidade aos produtos e o local de estocagem.

e. Quanto ao estado de apresentação – separa produtos novos de outros que sofreram modificações ou não têm uso.

Quadro 1 – Exemplo de classificação de produtos

CRITÉRIOS DE CLASSIFICAÇÃO				
Industrialização	Contábil	Demanda	Movimentação	Apresentação
Matérias-primas Produtos em processo Produtos semiacabados Produtos acabados	Materiais imobilizados Materiais em estoque	Demanda permanente Demanda eventual	Ativos Inativos Descontinuados	Novos Reparados Inservíveis Obsoletos

Fonte: adaptado de Costa (2002, p. 20-24).

A metodologia do quadro 1 estreita a classificação dos produtos identificados pelo tipo, mas não individualizados, pois dois produtos podem ter a mesma classificação mas ser diferentes para uma empresa, como é o caso de parafusos: para uma metalúrgica, podem ser tanto o produto final como integrar itens de manutenção de equipamento fabris.

A classificação de materiais com as mesmas características refere-se à maneira como os recursos são agrupados, visando atender a exigências do mercado. Compreende os seguintes aspectos: identificação, codificação e catalogação de materiais e fornecedores.

Segundo Gurgel e Francischini (2014, p. 219), são quatro os princípios em que se fundamenta a classificação de mercadorias:

- Princípio arbitrário – os itens são classificados sequencialmente à medida que ingressam no estoque. Esta classificação tem a desvantagem de não permitir nenhuma forma de identidade entre itens de material da mesma natureza.

- Princípio arbitrário fichado – a codificação sequencial está associada a um arquivo em que as características do material são bem detalhadas.

- Princípio simbólico – codificação sob a forma numérica, como também sob a forma mnemônica para facilitar a memorização.

- Princípio dos números de projeto – são utilizados os números dos desenhos de detalhamento do projeto.

A presença de materiais em estoque com características idênticas fez surgir a necessidade de se desenvolver um sistema de codificação que permitisse identificá-los de forma mais precisa, utilizando formas numéricas ou alfanuméricas e que levam em consideração as características específicas de cada item: forma, dimensões, peso, tipo, uso, etc. Assim, é possível diferenciar, identificar e catalogar os materiais utilizados pelas empresas, criando especificações e padronizações que simplificam os controles e facilitam procedimentos em armazéns (GONÇALVES, 2020).

A primeira fase da classificação é a identificação, que consiste na análise e no registro dos principais dados que caracterizam e individualizam cada item. A identificação é constituída segundo regras específicas que atribuem uma nomenclatura padronizada para todos os itens. Nessa nomenclatura podem ser referidos: nome básico do material, designação complementar, características físicas do material, aplicação do material, embalagem e referências comerciais.

Após a identificação, passamos à fase da codificação, que consiste em atribuir uma série de números ou letras e números para cada material, de tal forma que esse conjunto numérico ou alfanumérico possa representar, por meio de um símbolo, as características do material em particular (GONÇALVES, 2020).

1.1 Sistemas de classificação de materiais

Segundo Viana (2006), os atributos de classificação de materiais são: abrangência (devem ser consideradas as características, e não somente o material a ser classificado); flexibilidade (para permitir uma visão ampla do estoque disponível); e praticidade (a classificação deve ser simples de executar e de entender). Nessas condições, podem ser definidos vários tipos de classificação, que veremos a seguir.

1.1.1 Classificação por demanda

Classifica os materiais de acordo com a sua disponibilidade no estoque para atender demandas e de acordo com o seu valor e consumo anual, atendendo aos seguintes critérios:

Disponibilidade de estoque

- Materiais de estoque utilizados na produção – devem existir no estoque e são aprovisionados mediante previsão de consumo. Exemplo: matérias-primas, produtos em processo produtivo, produtos utilizados na manutenção.
- Materiais não de estoque – materiais que não são críticos às operações e cujo suprimento normalmente é executado mediante pedido dos demandantes.
- Estocagem permanente – materiais que garantem o fornecimento ininterrupto das operações e com processos de aquisição simplificados.
- Estocagem temporária – materiais em estoque durante prazos determinados e utilizados em operações ou épocas específicas.

Valor e consumo anual

A metodologia mais usual para esse tipo de classificação é a que categoriza os materiais em estoque nas três categorias A, B e C estudadas no capítulo 4. Ela utiliza os seguintes critérios:

- Materiais A – com grande participação no faturamento da empresa e elevada procura e/ou alto valor monetário; devem receber monitoramento constante e controle apertado de estoque.
- Materiais B – com média participação no faturamento da empresa e importância intermediária entre os classificados em A e em C; no gerenciamento, devem ser adotados modelos de revisão periódica com prazos curtos.
- Materiais C – com baixa participação no faturamento da empresa, são materiais pouco relevantes em termos financeiros; no gerenciamento, devem ser adotados procedimentos simples, como processos de revisão periódica com prazos alargados.

Embora o valor e o consumo anual sejam os dois critérios mais usados para determinar um sistema de classificação de estoque, outros critérios poderão melhor contribuir para uma classificação mais específica dos produtos estocados (SLACK *et al.*, 2013), como é o caso da classificação de produtos em função da respectiva criticidade (classificação XYZ, já estudada no capítulo 4), que, ao ser utilizada em complemento à classificação ABC, permite diminuir o risco de rupturas de estoque.

1.1.2 Classificação por perecibilidade

São todos os materiais que têm prazo de validade. Essa classificação leva em conta o desaparecimento das propriedades físico-químicas do material. Exemplos de produtos perecíveis são, entre outros, os produtos alimentícios e farmacêuticos.

Um produto é considerado produto perigoso quando representa risco à saúde das pessoas, ao meio ambiente ou à segurança pública, seja ele encontrado na natureza ou produzido por qualquer processo (ANTT,

2012). Os materiais que oferecem perigo na armazenagem e no transporte são categorizados em nove classes de risco, conforme expresso na figura 1. Ao ser alocada a classe de risco, o produto perigoso também recebe um número ONU, que o identifica internacionalmente. Essa classificação é feita com base no tipo de risco apresentado e conforme as recomendações para o transporte de produtos perigosos da Organização das Nações Unidas.

Para fins de transporte terrestre, um produto é considerado perigoso se enquadrado em uma das nove classes de risco estabelecidas na Resolução nº 420, de 12 de fevereiro de 2004 (BRASIL, 2004). O armazenamento desses produtos requer especial atenção, pois os fatores de risco associados, sejam de origem biológica, química ou radiológica, representam, potencialmente, enormes riscos para os seres vivos e o meio ambiente; por isso, esses produtos devem ser mantidos em espaços separados do restante do estoque e o local de armazenagem deve estar corretamente sinalizado.

Figura 1 – Produtos perigosos

- Classe 1: Explosivos
- Classe 2: Gases
- Classe 3: Líquidos inflamáveis
- Classe 4: Sólidos inflamáveis, substâncias que podem ocasionar combustão espontânea e substâncias que, em meio aquoso, podem emitir gases inflamáveis
- Classe 5: Substâncias oxidantes e peróxidos orgânicos
- Classe 6: Substâncias infectantes e tóxicas
- Classe 7: Material radioativo
- Classe 8: Substâncias corrosivas
- Classe 9: Diversas substâncias e artigos perigosos

Fonte: adaptado de ANTT (2012).

1.1.3 Classificação "fazer ou comprar"

A classificação de materiais ainda pode ser realizada com base na diferenciação entre materiais produzidos internamente, materiais comprados e materiais recondicionados na empresa. Ao realizarem esse tipo de opção, os gestores devem atentar às diferentes formas de valorização do estoque, que, no caso da aquisição, será o preço de custo do produto; já no caso de fabricação, a valoração dos estoques tem como base o custo da fabricação.

Uma classificação de materiais bem elaborada permite ao gestor administrar seus estoques eficientemente. Todos os métodos de classificação de materiais têm vantagens e desvantagens, conforme expresso no quadro 2, mas devem ser coerentes com os objetivos determinados pela estratégia da empresa e facilitar o processo de tomada de decisões operacionais.

Quadro 2 – Resumo dos tipos de classificação de materiais

CLASSIFICAÇÃO	OBJETIVO	VANTAGEM	DESVANTAGEM
Disponibilidade de estoque	Categoriza materiais de acordo com a sua presença no estoque	Possibilita o estudo do espaço de estocagem necessário	Dificilmente caracteriza individualmente os materiais
Valor de consumo	Agrupa materiais de acordo com o seu valor	Identifica as formas de gerenciar materiais de acordo com o seu valor	Não analisa os materiais do ponto de vista operacional
Materiais críticos	Analisa o grau de importância dos materiais para a empresa	Identifica materiais críticos ao funcionamento da empresa	Não analisa materiais do ponto de vista econômico
Perecibilidade	Analisa a perecibilidade do material	Determina a necessidade de utilização de formas específicas de armazenagem	Não analisa os materiais numa perspectiva econômica/operacional

(cont.)

CLASSIFICAÇÃO	OBJETIVO	VANTAGEM	DESVANTAGEM
Periculosidade	Identifica o grau de periculosidade do material	Determina a necessidade de utilização de formas específicas de armazenagem	Não analisa os materiais numa perspectiva econômica/operacional
Fazer ou comprar	Auxilia na decisão de comprar ou fazer	Facilita a organização do armazém	Não analisa os materiais numa perspectiva econômica/operacional

A classificação racionaliza o controle dos materiais, permitindo ao gestor de estoques direcionar a sua atenção, priorizando categorias de itens de maior relevância para as operações da empresa.

2 Codificação

A identificação dos produtos facilita a sua localização no armazém ou em operações de comercialização. Corretamente identificados, os produtos podem ser recepcionados, armazenados, movimentados e distribuídos eficientemente. A identificação por meio de codificação inibe divergências no entendimento das características dos produtos e possibilita o reconhecimento preciso de cada item.

A codificação de materiais compreende a aplicação de códigos numéricos ou alfanuméricos de composição uniforme para os materiais agrupados ou individualizados. A codificação deve "catalogar, especificar, normalizar e padronizar os produtos do estoque, com a finalidade de controle acurado e simples, que permita uma localização rápida e isenta de erros" (SELEME; PAULA, 2019, p. 217), permitindo identificar itens distintos mantidos em estoque, também designados de stock keeping unit (SKU).

A codificação consiste em atribuir uma série de números ou letras e números para cada material, de forma que esse conjunto numérico ou alfanumérico possa representar, por meio de um único símbolo, as características de cada material em particular (GONÇALVES, 2020). Os sistemas de codificação mais usuais são o alfabético, alfanumérico e o numérico:

- Sistema alfabético: estruturado por um conjunto de letras combinadas de forma a identificar facilmente cada material; é utilizado principalmente no varejo, como no comércio de sapatos, em que uma codificação do tipo ABG permite ao varejista determinar o tipo de sapato por uma técnica mnemônica: A (sapato infantil) – BG (nº 27 – segunda e sétima letras do alfabeto)
- Sistema alfanumérico: método de codificação que mescla números e letras para representar cada material. Esse sistema de codificação é muito utilizado na indústria de autopeças. Por exemplo: 84FX1125CA (disco de travão para eixo dianteiro de um Ford Fiesta).
- Sistema numérico: é o mais utilizado pelas organizações, em razão de sua simplicidade e de infinitas possibilidades de informações. Foi desenvolvido incialmente por Melville Dewey, fundador da Associação dos Bibliotecários Norte-Americanos, e é utilizado até os dias atuais nas bibliotecas, permitindo uma redução substancial de tempo de localização.

O sistema numérico de classificação universal surgiu de uma adaptação do sistema Dewey e é composto por dez dígitos, daí a sua designação de sistema decanumérico, como o expresso a seguir.

Figura 2 – Exemplo de codificação decanumérica

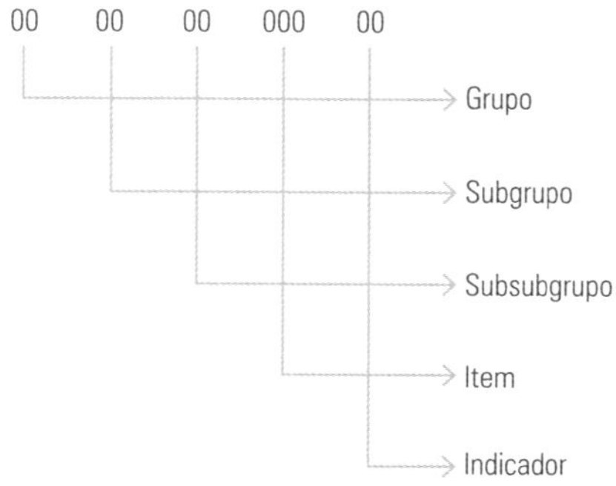

Fonte: adaptado de Gurgel e Francischini (2010, p. 132).

Embora não exista uma codificação decanumérica-padrão e cada organização desenvolva o sistema de acordo com as a suas necessidades, é comum estruturar a codificação em quatro conjuntos de números, como no exemplo de codificação de materiais de construção:

Quadro 3 – Exemplo de codificação de materiais de construção

GRUPO	SUBGRUPO	NÚMERO IDENTIFICADOR	DÍGITO VERIFICADOR
01 – Pisos e tintas 02 – Tintas 03 – Hidráulica	01 – Pisos laminados 02 – Porcelanato 03 – Outros 01 – Interior 02 – Exterior 03 – Outros 01 – Tubos e conexões 02 – Torneiras	Número sequencial criado para cada item	Dígito resultante de cálculo combinando os números anteriores

Nesse caso, o grupo, designado por Gurgel e Francischini (2014) de chave aglutinadora, identifica um conjunto de materiais com características comuns; o subgrupo agrupa materiais com características semelhantes; o número identificador atribui um código sequencial a cada novo componente do estoque; e o dígito verificador controla a digitação dos números anteriores, evitando erros na codificação.

O sistema numérico pode ter variações, sendo uma delas o sistema americano FSC (Federal Supply Classification), desenvolvido pelo Departamento de Defesa dos Estados Unidos para classificar todos os materiais movimentados pelos departamentos do governo americano, composto de 11 algarismos e estruturado em quatro partes: grupo, subgrupo, classe e número de identificação.

Figura 3 – Exemplo de FSC

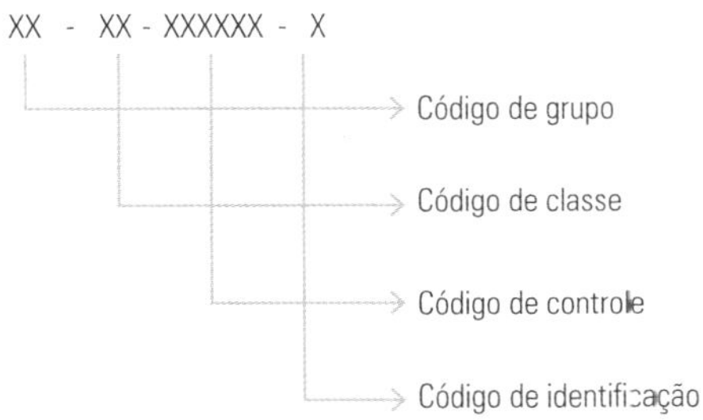

FSN – Federal Stock Number

Cada item categorizado recebe um FSN (federal stock number), cuja apresentação obedece a uma disposição de 4-3-4 algarismos, com traço depois do quarto e do sétimo algarismo:

FSN → 2815-123-4567

Neste exemplo, 2815 é o código de classe e 1234567 é o número de identificação.

3 Códigos de barras

Os softwares e aplicativos atualmente disponíveis na cadeia de abastecimento permitem a identificação automática e a codificação eletrônica de produtos. Dentre as opções de entrada de dados nos sistemas informatizados, o código de barras é uma das mais utilizadas, pois, além do baixo custo e do menor tempo de implantação, é de fácil utilização, demanda o uso de equipamentos compactos e tem alta velocidade de captura de dados.

Os códigos de barras mais utilizados são os EAN (European Article Number), sendo o mais comum o EAN-13, composto por uma série de 12 dígitos mais um dígito verificador e por linhas (barras) de diferentes larguras, as quais representam uma sequência numérica, geralmente apresentada abaixo das linhas (barras) (figura 4).

Figura 4 – Código de barras EAN-13

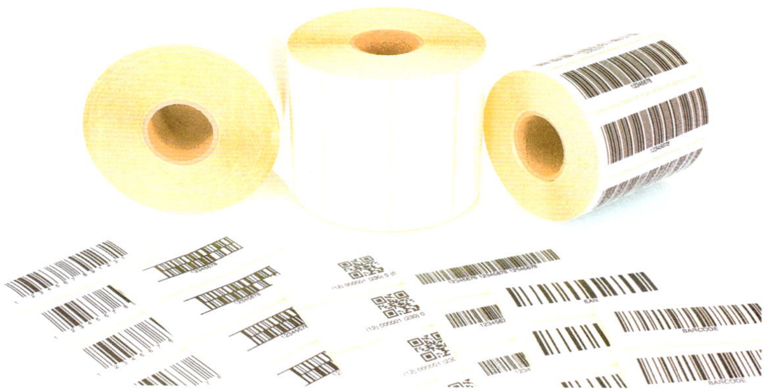

A estrutura de codificação desse código é composta por:

- 3 dígitos (de acordo com a EAN) – designa o país.
- 5 dígitos (de acordo com a EAN Brasil) – designa a empresa.
- 4 dígitos (de acordo com a EAN Brasil) – designa o produto.
- 1 dígito (obtido pelo cálculo do algoritmo) – constitui o dígito de controle.

Mais recentemente, os sistemas de identificação por radiofrequência (RFID – radiofrequency identification) permitem identificar materiais e comunicar-se com eles de forma automática. Os componentes básicos de um sistema RFID consistem em uma etiqueta eletrônica que é posta no objeto e em uma antena que se comunica através de frequência de rádio com um leitor, registrando a passagem do objeto pela zona de leitura.

Com a utilização da RFID, é possível "encurtar o armazém", ou seja, arrumar produtos em qualquer lugar disponível, preenchendo espaços vazios com qualquer mercadoria, pois ela será sempre localizável pelo sistema. Uma comparação entre os dois sistemas de identificação de materiais é proposta a seguir (quadro 4).

PARA SABER MAIS

Saiba mais sobre códigos de barras e código eletrônico do produto (EPC) acessando o site da GS1 Brasil (2020).

Quadro 4 – Comparação entre o sistema de código de barras e o sistema RFID

CÓDIGO DE BARRAS	RFID
Vantagens	
• Muito menores e mais leves do que as etiquetas RFID e mais fáceis de utilizar • Mais baratos que as etiquetas RFID • Oferecem a mesma precisão em vários tipos de materiais em que estão colocados	• As etiquetas RFID podem ser lidas a uma distância maior do que os códigos de barras • As etiquetas RFID não precisam ser posicionadas numa linha de visão com o scanner • As etiquetas RFID podem ser lidas mais rapidamente do que os códigos de barras

(cont.)

CÓDIGO DE BARRAS	RFID
Vantagens	
• São uma tecnologia universal, na medida em que são a norma para produtos de varejo; lojas que possuem um leitor de código de barras podem processar códigos de barras a partir de qualquer lugar do mundo • A precisão do código de barras foi dita como a mesma ou ainda melhor do que a de etiquetas de RFID • São encontrados em quase todos os itens e não há questões de privacidade envolvidas em seu uso	• As etiquetas RFID podem trabalhar em distâncias muito maiores; a informação pode ser lida a partir de uma etiqueta a 100 metros de distância • As etiquetas RFID são lidas ou gravadas por dispositivos com alto nível de segurança, e os dados podem ser criptografados ou protegidos por senha • As etiquetas RFID transportam grandes quantidades de dados, tais como dados de manutenção do produto, histórico de envio e datas de validade • As etiquetas RFID são reutilizáveis e mais resistentes, pois são protegidas por uma cobertura de plástico
Desvantagens	
• Para ler o código, o scanner de código de barras precisa de uma linha direta de visão • Para ler o código de barras, o scanner de código de barras tem de estar bastante perto, no máximo a 4,5 metros • Não têm recursos de leitura/gravação e não contêm informações adicionais, como data de validade, etc., informando apenas o fabricante e o produto • Devem ser verificados individualmente • Têm menos segurança do que a RFID; podem ser mais facilmente reproduzidos ou forjados • São mais facilmente danificados; como é necessário estar na linha de visão para ser digitalizado, o código de barras tem de ser impresso e exposto do lado de fora do produto • Se um código de barras é rasgado ou danificado, não há nenhuma maneira de fazer a varredura do produto	• A RFID envolve a montagem e inserção de um chip computadorizado, o que a torna cara • Os leitores de RFID dificilmente conseguem coletar informações através de metal ou líquido • Pode ocorrer conflito de leituras quando dois sinais de diferentes leitores se sobrepõem e a etiqueta é incapaz de responder a ambos • Pode ocorrer conflito de leituras quando várias marcas do mesmo tipo de produto respondem simultaneamente

É impensável gerenciar empresas industriais sem dedicar especial atenção aos estoques. A codificação, parte integrante da classificação de materiais, possibilita que o controle dos estoques seja executado com maior acuracidade e que os níveis de estoque de cada material seja otimizado, de forma a contribuir para o aumento da rentabilidade empresarial.

4 Inventários: físicos, gerais e rotativos

O inventário de estoque consiste na contagem física dos materiais existentes no estoque. Dessa forma, coletam-se dados que ajudam a controlar faltas, excessos e mercadorias sem movimentação quando comparados com dados anteriormente coletados. Em várias situações, os inventários físicos são substituídos por registros automáticos de entradas e saídas, realizados por dispositivos móveis sem intervenção humana, como no caso dos supermercados que monitoram as entradas de mercadorias por leitores RFID ou de código de barras e as saídas pelo controle do caixa.

Inventários podem ser realizados pelo pessoal dos almoxarifados, que coletam fisicamente dados sobre cada item armazenado. Normalmente nas coletas de dados são utilizados softwares que se comunicam com computadores centrais, permitindo o tratamento informatizado desses dados. A realização de inventários físicos permite verificar não somente a integridade e o estado de conservação dos produtos armazenados, como confirmar se o endereçamento (local de armazenamento) está sendo respeitado e aferir possíveis perdas ocasionadas por furtos (SELEME; PAULA, 2019).

Pode-se proceder a inventários por indicação expressa da empresa (caso em que é possível realizar um inventário periódico ou rotativo) ou ainda quando for solicitado por uma auditoria.

A realização de inventários periódicos pressupõe a paralisação das atividades enquanto decorre a operação e requer a presença de elevado número de funcionários, dependendo da quantidade e complexidade dos artigos armazenados.

O inventário físico rotativo atribui um número diferente de contagens a cada classificação de material; normalmente, materiais mais valiosos são classificados com mais frequência que outros de menor valor.

> O inventário físico rotativo segue a lógica da curva ABC, ou seja, para os itens de estoque considerados mais valiosos (itens da classe A), conta-se maior número de vezes. Para os itens classificados na classe B, uma quantidade menor do que A; e para contar os itens da classe C, conta-se pelo menos uma vez no período analisado. (SELEME; PAULA, 2019, p. 249)

A principal finalidade de um inventário é a comparação dos dados resultantes do procedimento com outros armazenados pela empresa e resultantes de inventários anteriores, pois permitirá não somente aferir dados de valoração de estoques e identificar indício de fraudes ou erros graves na empresa, como dar suporte aos processos decisórios envolvendo novas aquisições, escoamento de produtos obsoletos ou mesmo alterações de leiaute necessárias para garantir maior preservação de produtos armazenados.

Considerações finais

Neste capítulo foram analisados os principais sistemas de classificação de materiais. Com o aumento na variedade de materiais por imposições mercadológicas, fica clara a importância dessa classificação no gerenciamento dos estoques. Várias são as metodologias de classificação e codificação de materiais utilizadas, porém todas objetivam controlar os inventários e otimizar o nível do estoque. Os setores de atividade com muita variedade de materiais procuram estabelecer metodologias que garantam maior controle sobre os materiais mais críticos ou que têm maior peso no custo do produto acabado. Com a utilização da informática nesses processos de controle, foram desenvolvidas metodologias de captação e codificação de dados utilizando códigos de barras. O código de barras, embora muito utilizado na maioria das empresas brasileiras, está gradualmente sendo substituído pela tecnologia de RFID, que demonstra algumas vantagens, porém com custo de implementação elevado.

Referências

AGÊNCIA NACIONAL DE TRANSPORTES TERRESTRES (ANTT). **O transporte terrestre de produtos perigosos no Mercosul**. Brasília: ANTT, 2012. Disponível em: https://antt-hml.antt.gov.br/documents/359159/391167/Transportes+de+produtos+perigosos+no+MERCOSUL+-+vers%C3%A3o+ANTT.pdf/d05a3b99-36e5-5b32-c44c-a794a5df0910?t=1592228787347. Acesso em: 1º mar. 2021.

BRASIL. Ministério dos Transportes. Agência Nacional de Transportes Terrestres (ANTT). Resolução nº 420, de 12 de fevereiro de 2004. Aprova as instruções complementares ao regulamento do transporte terrestre de produtos perigosos. **Diário Oficial da União**, Brasília, DF, 12 fev. 2004. Disponível em: http://www.sbpc.org.br/upload/conteudo/320110405154556.pdf. Acesso em: 1º mar. 2021.

COSTA, F. J. C. L. **Introdução à administração de materiais em sistemas informatizados**. São Paulo: Ieditora, 2002.

EUROPEAN COMISSION (EC). **Access2Markets**. 2020. Disponível em: https://trade.ec.europa.eu/access-to-markets/en/content/welcome-access2markets-trade-helpdesk-users. Acesso em: 1º mar. 2020.

GONÇALVES, P. S. **Administração de materiais**. 6. ed. Rio de Janeiro: Grupo GEN, 2020.

GS1 BRASIL. **Página inicial**. 2020. Disponível em: https://www.gs1br.org/. Acesso em: 1º mar. 2021.

GURGEL, F.; FRANCISCHINI, P. G. **Administração de materiais e patrimônio**. 2. ed. São Paulo: Cengage Learning, 2014.

LUZ, C. B.; AGUIAR, F. R.; SCHINOFF, R. A. **Gestão da tecnologia e informação em logística**. Porto Alegre: Sagah, 2019.

POZO, Hamilton. **Administração de recursos materiais e patrimoniais**: uma abordagem logística. 6. ed. São Paulo: Atlas, 2010.

SELEME, R.; PAULA, A. **Logística**: armazenagem e materiais. Curitiba: Intersaberes, 2019.

SLACK, N. S. *et al*. **Gerenciamento de operações e processos**. 2. ed. Porto Alegre: Bookman, 2013.

VIANA, J. J. **Administração de materiais**: um enfoque prático. São Paulo: Atlas, 2006.

Capítulo 7

Armazenagem

Os armazéns são infraestruturas essenciais aos processos logísticos, pois guardam e lidam com materiais e componentes utilizados pelas empresas em suas operações de produção ou de comercialização. Decisões sobre a localização, dimensão e estrutura de um armazém afetam o resultado da empresa, pois têm impacto direto em todas as atividades da cadeia logística e, em particular, no sistema de transportes.

Processos logísticos de armazenagem apoiam fornecedores e clientes, o que faz com que o conhecimento dos sistemas logísticos e seus inter-relacionamentos seja essencial para a eficiência dos processos de armazenagem, de forma a garantir a disponibilidade dos materiais e dos produtos de forma correta e no momento requisitado.

Os armazéns são simultaneamente locais de retenção e de trânsito de mercadorias e produtos acabados, e, por isso, a sua gestão deverá estar integrada à dos transportes, de forma a otimizar-se a eficiência na movimentação de mercadorias ao longo da cadeia de abastecimento.

Neste capítulo analisaremos as funções que são realizadas em armazéns e as características dos tipos de armazéns, considerando as atividades *inbound*, isto é, os fluxos de materiais recebidos pelas empresas produtoras, e *outbound*, os fluxos de materiais e produtos fornecidos pelas fábricas até seus clientes finais.

1 Conceito de armazenagem e as funções específicas de um armazém

A armazenagem é um dos componentes do sistema logístico, identificado por Ballou (2006) como uma atividade de suporte a esse sistema, sendo as suas principais decisões direcionadas à configuração do armazém, ao projeto das docas de embarque e desembarque de mercadorias, às áreas de estacionamento para veículos coletores, à determinação do espaço para estocagem e ao leiaute do estoque, isto é, ao modo de distribuição do estoque no espaço de armazenagem.

Moura (1997, p. 3) define armazenagem como "a atividade que diz respeito à estocagem ordenada e distribuição de produtos acabados dentro da própria fábrica ou em locais destinados a esse fim pelos fabricantes ou através de um processo de distribuição"; ou seja, a armazenagem não se limita a estocar materiais, mas abrange todas as atividades necessárias à guarda temporária, à consolidação e à distribuição de materiais (SELEME; PAULA, 2019).

A atividade de armazenagem requer elevada especialização, pois lida com variados tipos de materiais e de produtos: alguns necessitando de manuseio especializado; outros, designados de fast moving goods, com grande rotatividade, requerendo velocidades de processamento muito altas. Também pode haver manuseio de estoques de grandes dimensões que necessitam de equipamentos especiais de movimentação.

Gestão da armazenagem é a administração do espaço necessário para receber, movimentar e manter os estoques (PAOLESCHI, 2014, p. 16); ou seja, a armazenagem abrange, além da estocagem, as atividades de recepção, arrumação e distribuição de materiais, realizadas em diferentes áreas:

- Recepção: área onde são realizadas as atividades do processo de recepção das mercadorias.
- Armazenamento: área de destino dos produtos armazenados e que inclui áreas de estoque específicas para mercadorias especiais, devoluções, etc.
- Preparação de pedidos: área onde se encontram as mercadorias para expedição.
- Expedição: local onde ocorre a expedição e a inspeção final das mercadorias.
- Circulação: área de passagem de pessoas e máquinas e de manobrabilidade de máquinas.
- Escritórios: área onde são realizados trabalhos auxiliares às operações do armazém.

A eficiência do funcionamento de um armazém pressupõe um sistema ágil de transferência de carga, imobilizando os veículos coletores pelo menor tempo possível, o que reflete a necessidade de uma gestão integrada da armazenagem com o transporte. A integração das operações de armazenagem e transporte, juntamente com o manuseio de materiais e a embalagem, simplificam e aumentam a rapidez do fluxo de produtos ao longo do sistema logístico.

Ao participar de uma gestão integrada à cadeia de abastecimento, a armazenagem deve otimizar a utilização de seus recursos – mão de obra, equipamentos, ocupação de espaço, controle de perdas, etc. – e, simultaneamente, sincronizar suas atividades com o restante do sistema logístico em que se encontra integrada, de forma a minimizar custos, mantendo o nível de serviço.

1.1 Funções de armazenagem

Armazéns são parte integrante do processo logístico e, como tal, realizam funções específicas que deverão contribuir para agregação de valor ao sistema logístico, otimizando recursos (mão de obra, equipamentos, ocupação de espaço, controle de perdas) e garantindo os níveis de serviço acordados.

O sistema de armazenagem compreende duas funções principais: a estocagem e o manuseio de materiais, envolvendo as seguintes atividades:

1. Recepção: aceitação física dos materiais, descarga do meio de transporte, verificação de quantidade e condição do material e documentação de toda essa informação.

2. Movimentação: remoção dos produtos da área de recepção, encaminhamento para a área de armazenagem, arrumação em lugar específico, registro dessa movimentação e identificação do local de armazenamento.

3. Armazenamento: retenção dos produtos para futura utilização ou expedição. Para além de inventariação ou mudança de local dentro da área de armazenagem, devidamente documentada, não existe outro tipo de intervenção nessa fase.

4. Reposição: ocorre quando o material é realocado da armazenagem para uma área temporária de abastecimento, onde as encomendas são satisfeitas.

5. Seleção de encomendas: diz respeito ao *picking*, isto é, à separação dos pedidos dos clientes na quantidade requerida para realocação na área de embalagem.
6. Controle: verificação e documentação da encomenda de produtos específicos para serem movimentados para a área de embalagem.
7. Embalagem e marcação: referem-se à colocação de um ou mais itens em contêiner ou palete, etiquetando-os com os dados do cliente de destino, assim como com qualquer informação considerada necessária referente ao manuseio.
8. Estacionamento e consolidação: diz respeito à movimentação do material da área de embalagem até a área de embarque, conforme um conjunto especificado de instruções referentes a um veículo específico de entrega ou a uma dada roteirização.
9. Embarque: diz respeito ao carregamento do veículo de entrega com os produtos da área de estacionamento e a complementação da documentação associada a essa movimentação.
10. Trabalho administrativo: refere-se a todas as tarefas associadas com o controle da movimentação dos produtos, desde o check-in (verificação de entrada no armazém) até o check-out (verificação de saída do armazém), passando pelas movimentações e armazenagens internas.

1.2 Decisões sobre armazenagem

Entre as várias questões estratégicas que a gestão de armazenagem deve solucionar, as de maior impacto na estratégia empresarial são as que se relacionam à localização dos depósitos, analisadas no capítulo 5, e ao número e às proporções das instalações a serem utilizadas.

O número de armazéns que traz eficiência ao processo logístico pode ser obtido otimizando os custos referentes aos transportes primários (*inbound*), à distribuição, ao investimento nas instalações e aos recursos humanos necessários à operacionalização do armazém, tendo presente que estratégias de armazenagem devem estar alinhadas às estratégias de desenvolvimento empresarial e ao cumprimento do nível de serviço proposto pela empresa.

A necessária integração da gestão da armazenagem com a dos transportes permite identificar a decisão que otimiza a eficiência da operação de armazenagem, analisando não somente os *trade-offs* dos custos de armazenagem e de transporte, mas também a relação entre a intensidade da demanda e o valor dos produtos estocados, podendo deduzir-se:

- Com armazenagem *inbound* mais centralizada, o custo de posse do estoque diminui, pois é menor a quantidade de armazéns que a empresa administra; mas o custo de transporte tende a aumentar (BALLOU, 2007), pois os percursos para alguns itens poderão ser mais longos.
- Um aumento do número de armazéns presentes no sistema de distribuição diminuirá os custos com o transporte, porque "as remessas que chegam a um armazém são feitas em quantidades maiores e a tarifas menores do que as das remessas que dele saem" (BALLOU, 2007, p. 450).
- Com centralização da armazenagem, diminui-se a disponibilidade total de espaço para estocagem, levando os níveis de estoque a diminuir, aumentando o número de pedidos e, consequentemente, o respectivo custo anual.
- Produtos de elevada demanda e baixo valor tendem a ser estocados de forma centralizada, junto ao consumidor (cliente ou unidade fabril); essa opção pode representar um custo elevado de posse de estoque se o cliente estiver instalado em local nobre, mas o custo do transporte tende a reduzir.

- Quando a demanda e a variabilidade de produtos forem muito intensas, deve-se localizar estoques de baixo custo junto ao consumidor (cliente ou unidade fabril) e centralizar produtos de maior valor.

Ao dimensionar um armazém com nível de atividade estável ao longo do ano, leva-se em consideração a política de estoques adotada pela empresa e os tipos e dimensões de produtos que serão armazenados, identificando o espaço útil de armazenagem, isto é, o espaço que será ocupado pelos estoques (comprimento × largura × altura). Para o cálculo da área total do armazém, adicionam-se à área útil calculada – área efetiva de armazenagem – as áreas não utilizadas compostas pelos espaços administrativos e de circulação, e ainda as áreas para recepção, separação e embalagem.

O cálculo da área efetiva de armazenagem deve levar em conta as restrições de dimensões e peso dos produtos a serem estocados e a quebra de espaço do armazém, isto é, as áreas deixadas livres ao redor dos produtos armazenados, como acessos ao estoque para efeito de inspeção, leitura de códigos de barras, etc., determinadas com base no fator de estiva e no índice de empilhamento do produto.

IMPORTANTE

- Fator de estiva é o espaço ocupado por uma tonelada de mercadoria, expresso em m³ por tonelada.
- Índice de empilhamento é o volume real ocupado por tonelada de um lote de mercadoria (considerando eventuais prateleiras e espaços destinados ao acesso).
- Quebra de espaço é a diferença entre o índice de empilhamento – volume efetivamente ocupado por tonelada de mercadoria – e o fator de estiva, em percentual.

Como exemplo de cálculo da área efetiva de armazenagem, consideremos uma máquina de lavar roupa embalada com um lote de reposição padrão de 250 peças, estoque mínimo de 100 unidades e, consequentemente, estoque máximo de 350 itens. Cada máquina está embalada em uma caixa de 105 cm de altura × 65 cm de largura × 70 cm de profundidade, ou seja, 0,48 m³, pesando 42 kg. Suponha que não seja possível o empilhamento de embalagens – e, por isso, elas serão arrumadas em estrutura de porta-paletes em dois níveis, ocupando uma altura total de 250 cm – e que o produto apresenta 20% de quebra de espaço.

Neste exemplo, para calcular a área efetiva, determinam-se em primeiro lugar o índice de empilhamento e o fator de estiva. O índice de empilhamento é calculado por cada embalagem no estoque, dividindo o volume efetivamente ocupado em m³ pelo peso em toneladas:

$$\text{Índice de empilhamento} = \frac{\text{At} \times \text{h}}{\text{P}} = \frac{\text{At} \times 1{,}25}{0{,}042} = 29{,}76\ \text{At}\ (\text{m}^3/\text{t})$$

Em que:

At – Área efetiva de armazenagem

h – Altura medida da embalagem no estoque (altura de empilhamento); no exemplo, 250/2 = 125 cm → 1,25 m

P – Peso em toneladas da embalagem

O fator de estiva (Fe) é calculado por cada embalagem, dividindo o volume em m³ pelo peso em toneladas:

$$\text{Fator de estiva} = \frac{0{,}48}{0{,}042} = 11{,}4\ \text{m}^3/\text{t}$$

Considerando Q (quebra de espaço), determina-se At pela fórmula:

$$Q = \frac{Ie - Fe}{Fe} \rightarrow 0{,}20 = \frac{29{,}76\ At - 11{,}4}{11{,}4} \rightarrow 0{,}20 = 2{,}61\ At - 1 \rightarrow At = 0{,}46\ m^2$$

Assim, a área efetiva de armazenagem para 350 máquinas de lavar empilhadas em 2 embalagens é:

$$0{,}46\ m^2 \times 350/\ 2 = 80{,}5\ m^2$$

Como os estoques armazenados invariavelmente têm dimensões e pesos variados, é usual determinar um fator de estiva médio, calculado pela ponderação dos fatores de estiva de cada tipo de produto. Como exemplo, se uma empresa mantém estoque de caixaria e embalagens de papelão, o cálculo do fator médio de estiva (tabela 1) considera o percentual de cada tipo de estoque e um valor predeterminado para o fator de estiva.

Tabela 1 – Exemplo de cálculo de fator de estiva médio

MERCADORIA	FATOR DE ESTIVA	PORCENTAGEM EM ARMAZÉM	PONDERAÇÃO DO FATOR DE ESTIVA
Caixaria	4,5	20%	0,9
Embalagem de papelão	11,4	80%	9,12
Fator de estiva médio (%)			10,02

O fator de estiva é um elemento de referência no processo de gestão de armazenagem, pois permite determinar espaços e capacidades disponíveis de estocagem em infraestruturas de armazenagem, como a capacidade estática de armazenagem, definida como o limite de carga que uma infraestrutura de armazenagem pode receber, expresso em toneladas, e que depende da área útil de armazenagem, da altura máxima de empilhamento e do fator de estiva, podendo ser determinada pela seguinte relação:

$$\text{Capacidade estática de armazenagem (t)} = \frac{\text{Área útil de armazenagem} \times \text{Altura de empilhamento}}{\text{Fator de estiva médio } (m^3/t)}$$

Sobretudo na armazenagem de grãos e de sacaria, a capacidade estática de armazenagem é utilizada para entender o potencial de armazenamento de regiões agrícolas, confrontando a expectativa da safra à capacidade de estocagem em silos ou armazéns.

2 Tipos de instalações físicas de armazenamento

A escolha do tipo e do tamanho da infraestrutura de armazenagem depende dos materiais que serão estocados e da política de armazenagem da empresa; os tipos de instalação mais frequentes são:

- Almoxarifado: instalações integradas em empresas produtoras onde são armazenados insumos destinados às operações de transformação.
- Armazém: construção coberta com acesso por portas e, se elevada, dispondo de cais de forma a facilitar o acesso de veículos (caminhões e trens) ao interior, com equipamentos de armazenagem no interior que facilitem a acomodação de cargas. Podem ter a finalidade de armazenar embalagens de vários tipos, volumes e peso, ser refrigerados quando estocarem produtos perecíveis, como peixe ou marisco, ou possuir controle de temperatura, como no caso de remédios.
- Depósito: infraestrutura própria, pública ou arrendada a terceiros onde são guardados e controlados insumos e produtos acabados destinados a posterior utilização em fabricação e em comercialização ou aguardando procedimentos aduaneiros.

- Galpão: construção coberta, podendo ser ou não vedada lateralmente, e que pode servir de apoio ao armazém, guardando maquinário, paletes, materiais de embalagem, entre outros.
- Silos: construções metálicas ou de concreto destinadas a armazenar cereais ou fertilizantes, podendo também estocar cimento e minérios, normalmente com acesso por meio de esteiras transportadoras.
- Tanque: construção metálica destinada a armazenar granéis líquidos, dotada de bombeamento e dutos para acesso. São utilizados em armazenagem de produtos petrolíferos, produtos químicos e no armazenamento de uvas, vinhos ou destilados.
- Pátio: área descoberta com marcação para zonas de estacionamento ou de empilhamento de materiais e corredores de circulação, utilizada na armazenagem de produtos de grande dimensão e elevado peso, como produtos cerâmicos, madeiras, automóveis ou grandes bobinas de cabos elétricos.
- Centros de distribuição: também designados de CDs, são infraestruturas de armazenagem muito sofisticadas, normalmente associadas à comercialização de produtos de elevada rotatividade (fast moving products) e com gestão integrada com o varejo. Nos CDs são realizadas operações de cross-docking.[1] Como os varejistas priorizam as áreas de exposição com relação à área de armazenagem, transferem grande parte do estoque que deveriam manter em loja para um CD, recebendo reposições de produtos com maior frequência e em menor *lead time*, tornando o centro de distribuição uma extensão da loja.

[1] Cross-docking: sistema de expedição de pedido imediatamente após o recebimento, de modo a evitar a estocagem; normalmente o CD recebe de cada fornecedor mercadorias endereçadas a vários estabelecimentos para separar e consolidar, por estabelecimento, os recebimentos dos vários fornecedores.

- Módulos estruturados: galpões para utilização provisória, com estrutura metálica, cobertos com lonas de alta tenacidade, de fácil montagem, normalmente disponibilizados para locação; são usados para acréscimos repentinos por demanda de espaço de armazenagem. Também podem ser solucionados pela utilização de galpões infláveis.

3 Tipos de armazenagem: pública, privada e arrendada

Os armazéns podem ser de propriedade da empresa, que pode adaptar a arquitetura interna de acordo com as suas necessidades (o que carece de grandes investimentos); podem ser explorados por empresas logísticas que alugam os seus espaços de armazenagem, caso dos armazéns próprios ou terceirizados; ou ter o total de sua infraestrutura arrendado, caso dos armazéns contratados.

Armazéns próprios permitem que as empresas assumam total controle sobre seus estoques, como no caso dos centros de distribuição das grandes redes varejistas, que, ao agregarem a armazenagem aos seus processos operacionais (comerciais), integram as gestões comercial e logística, viabilizando a prática interna de técnicas de reposição contínua ou mesmo de ECR. Também as grandes empresas *tradings*, integrantes da cadeia do agronegócio, ao manterem armazéns próprios em pontos de coleta de produto ou junto aos terminais portuários e ferroviários, possibilitam a consolidação de produções de múltiplos agricultores, perfazendo as quantidades necessárias à lotação dos meios de transporte, sejam ferroviários ou marítimos.

Na armazenagem pública, os espaços são alugados conforme a quantidade e o tempo de permanência do estoque, sendo a manutenção do espaço de responsabilidade do armazém. Essa modalidade é das mais utilizadas por empresas, no curto ou no longo prazo, pois oferece uma composição diversificada de serviços combinados com as necessidades das empresas, utilizando funcionários especializados nas operações e no gerenciamento de estoques. Os armazéns públicos podem ser de propriedade privada ou pertencer ao poder público, em função das características de especialização das operações que estão aptos a realizar, da tecnologia de armazenagem ou do tipo de bens armazenados (PAOLESCHI, 2014). Eles podem ser categorizados em:

- Armazéns gerais ou comuns: usados para armazenamento e manuseamento de todo tipo de material.
- Refrigerados: com temperatura ambiente regulada e utilizados na armazenagem de produtos alimentares, químicos e farmacêuticos.
- Alfandegados: licenciados pelo governo para armazenar mercadorias importadas antes do pagamento dos tributos ou após desembaraço aduaneiro, quando aguardam o embarque.
- Depósitos de móveis e documentos: projetados para guardar produtos volumosos ou arquivos e outra documentação que necessite de ambiente com controle de temperatura.

No caso de utilização de armazéns terceirizados, a empresa detentora dos estoques, além de não investir na infraestrutura, reduz gastos com pessoal, treinamentos e gestão, porém arca com os custos de locação, normalmente proporcionais ao prazo da armazenagem e ao volume ocupado. Empresas de menor dimensão, ao optarem por essa modalidade, podem direcionar seus investimentos para suas atividades-fim.

Uma alternativa à terceirização é a contratação de espaço para armazenagem. Nesse caso, a empresa utiliza um galpão ou parte dele para estocar seus produtos, servindo-se de seus funcionários para cuidar dos processos logísticos. Essa opção tem como vantagem o menor investimento e a possibilidade de execução de vários serviços, além da utilização do espaço por prazo determinado. A desvantagem dessa modalidade reside na alta dos custos, que são resultado da soma do valor da locação com os custos operacionais. Empresas com produtos sazonais podem utilizar esse modelo para o acúmulo de estoque entre estações.

Uma análise das vantagens e desvantagens de cada modalidade de armazenagem permite optar pela estrutura de armazenamento mais compatível com as operações da empresa e que garanta maior segurança e economia ao processo de gestão de estoques.

Quadro 1 – Vantagens e desvantagens das modalidades de armazenagem

TIPOS DE ARMAZÉM	VANTAGENS	DESVANTAGENS
Próprios	• Gestão integrada às operações logísticas • Controle de estoques • Maior agilidade • Flexibilidade no leiaute	• Elevado investimento • Custos variáveis • Capacidade ociosa temporária
Públicos	• Flexibilização • Especialização para cada tipo de produto • Baixos custos variáveis	• Dificuldade em implantar políticas de estoque próprias • Taxas elevadas para produtos de grande volume
Terceirizados	• Nulo investimento em estrutura • Redução de custos com funcionários	• Custo elevado de locação • Falta de liberdade na implantação de processos de armazenagem e controle de estoques
Contratados	• Baixo investimento • Opção diversificada de serviços • Controle de equipamentos • Utilização sazonal	• Custos de posse de estoque mais elevados

A opção pela modalidade de armazenagem, embora condicionada aos tipos de produtos a serem estocados, à escolha do local, às tecnologias utilizadas e a questões de ordem financeira, deverá estar alinhada com a estratégia empresarial, permitindo uma integração da função de armazenagem com outros componentes do sistema logístico – transporte, produção e distribuição – e, dessa forma, contribuir para a maximização da rentabilidade empresarial.

4 Armazenagem virtual

A expansão da diversidade de produtos, aliada aos elevados custos de manutenção de estoques, tem levado as empresas a reconsiderarem o tradicional conceito de armazenagem, expresso pela guarda e manutenção do estoque físico. Com o desenvolvimento das tecnologias de informação e comunicação, novas técnicas em gestão de estoques foram desenvolvidas, permitindo às empresas não somente sincronizar o consumo com a reposição dos estoques por meio de transferência eletrônica de dados (EDI), mas também armazenar estoques virtualmente de forma compartilhada ou terceirizada.

A armazenagem virtual possibilita que clientes sejam atendidos com itens que não estão estocados em um armazém da empresa; nesse caso, os itens vendidos são remetidos aos clientes diretamente dos estoques de fornecedores sem que a empresa vendedora necessite ou pretenda formar estoques próprios (BALLOU, 2007).

Em certos modelos de e-business o estoque pode ser compartilhado quando a empresa estende o seu modelo de varejo físico ao e-commerce, mantendo o armazém para as duas modalidades. O armazenamento virtual é terceirizado quando a responsabilidade do estoque é de empresa diferente daquela que comercializa o produto, como em negócios na modalidade dropshipping, em que pedidos realizados por empresas vendedoras são repassados aos detentores dos produtos vendidos para que os remetam aos clientes, isto é, a empresa vende o produto e repassa o pedido a um fornecedor terceirizado, que então envia o pedido ao cliente.

IMPORTANTE

Segundo o dicionário de logística on-line disponibilizado pelo Imam (2020), é possível definir:

- E-business: estratégia de inserção da empresa na internet com o objetivo de automatizar suas atividades em várias áreas, como comunicação interna e externa, transmissão de dados, controles internos, treinamento de pessoal e contatos com fornecedores e clientes.
- E-commerce: nome dado ao sistema comercial com a capacidade de realizar transações envolvendo troca de bens ou serviços entre duas ou mais partes de forma automática, utilizando a internet.

A gestão de estoque virtual necessita de sincronismo entre as empresas que comercializam e as que detêm a posse das mercadorias. Para garantir acuracidade do estoque e, dessa forma, cumprir o nível de serviço, é fundamental exercer uma gestão compartilhada dos estoques, pois a acessibilidade às informações respeitantes aos níveis de estoque e às políticas de suprimento adotadas pela empresa detentora do estoque físico é um aspecto que garante a eficiência das operações conjuntas.

5 Armazenagem de materiais perigosos

São considerados perigosos os produtos que podem trazer algum risco para a saúde das pessoas, para a segurança pública ou para o meio ambiente. Todas as cargas consideradas perigosas e enquadradas em uma das nove classes de risco estabelecidas na Resolução nº 5.232, de 14 de fevereiro de 2016 (BRASIL, 2016), oferecem algum tipo de risco. Mesmo os materiais inertes podem ser vulneráveis a riscos, como incêndio, em razão do tipo de embalagem utilizada no armazenamento.

Cuidados especiais na armazenagem de produtos perigosos envolvem a segregação desses produtos, a identificação de cada zona de armazenagem com simbologia apropriada, a limitação de circulação de pessoas nas áreas de armazenagem, a adoção de embalagens adequadas a cada categoria de produto (inflamável, oxidante, corrosivo), iluminação adequada do ambiente e pessoal treinado e devidamente equipado com equipamentos de proteção individual no manuseamento dos itens.

Relativamente às condições ambientais em que produtos perigosos devem ser armazenados, Paoleschi (2014) sugere:

Figura 1 – Locais de armazenagem de produtos perigosos

Locais fechados e vigiados	Lugares abertos	Lugares abertos e secos	Lugares fechados, mas ventilados
• Classe 1 Explosivos	• Classe 2.1 Gases inflamáveis • Classe 2.2 Gases não inflamáveis • Classe 2.3 Substâncias oxidantes	• Classe 4.2 Substâncias de combustão espontânea • Substâncias que em contato com a água libertam gases inflamáveis	• Classe 2.3 Gases venenosos • Classe 3.3 Líquidos inflamáveis • Classe 4.1 Sólidos inflamáveis • Classe 6.1 Substâncias venenosas • Classe 8 Substâncias corrosivas

Fonte: adaptado de Paoleschi (2014, p. 27).

O armazém de produtos perigosos, além de requerer uma temperatura constante, umidade controlada e sistema de ventilação apropriado, necessita estar equipado com um eficiente sistema de combate a incêndio, com extintores de pó químico e sistemas de espuma e de água, com manutenção frequente especialmente nas instalações elétricas.

Considerações finais

Neste capítulo analisamos a armazenagem como um processo ativamente participante das cadeias de abastecimento e com importante contribuição para a otimização da eficiência do sistema logístico. A integração de processos com fornecedores e clientes, aspecto que contribui para maximizar a rentabilidade das empresas componentes da cadeia de abastecimento, pressupõe a integração da gestão de armazenagem aos restantes componentes do sistema logístico, especialmente à gestão dos transportes; nesse contexto, as decisões da gestão da armazenagem quanto ao número de unidades de armazenagem e à dimensão dos armazéns refletem-se nas operações de armazenagem, nas políticas de estoques e em situações especiais de armazenagem, como a estocagem virtual ou o armazenamento de produtos perigosos. Independentemente da estrutura de armazenagem e da forma de propriedade (pública, privada ou arrendada), a atividade de armazenagem é parte integrante do sistema logístico, agregando valor aos produtos estocados para, dessa forma, contribuir para atender ao nível de serviço acordado com o cliente.

Referências

BALLOU, R. H. **Gerenciamento da cadeia de suprimentos**: logística empresarial. Porto Alegre: Bookman, 2007.

BRASIL. Ministério dos Transportes. Agência Nacional de Transportes Terrestres. Resolução nº 5.232, de 12 de fevereiro de 2016. Aprova as instruções complementares ao regulamento terrestre do transporte de produtos perigosos, e dá outras providências. **Diário Oficial da União**, Brasília, DF, 12 fev. 2016. Disponível em: https://anttlegis.antt.gov.br/action/UrlPublicasAction.php?acao=abrirAtoPublico&num_ato=00005232&sgl_tipo=RES&sgl_orgao=DG/ANTT/MTPA&vlr_ano=2016&seq_ato=000. Acesso em: 2 fev. 2020.

INSTITUTO DE MOVIMENTAÇÃO E ARMAZENAGEM DE MATERIAIS (IMAM). **Dicionário de logística on-line**. 2020. https://www.imam.com.br/logistica/dicionario-da-logistica. Acesso em: 1º mar. 2021.

MOURA, R. **Sistema e técnicas de movimentação e armazenagem de materiais**. São Paulo: Imam, 1997.

PAOLESCHI, B. **Estoques e armazenagem**. São Paulo: Érica, 2014.

SELEME, R.; PAULA, A. **Logística**: armazenagem e materiais. Curitiba: Intersaberes, 2019.

Capítulo 8

Embalagem

As cadeias de suprimentos englobam os processos produtivos, o transporte e a distribuição de produtos e, por isso, respondem pela movimentação de matérias-primas e componentes de fornecedores a fabricantes e pelo envio dos produtos a distribuidores, varejistas e consumidores finais. A maioria das matérias-primas, produtos semiacabados e todos os produtos em estado de consumo que são movimentados nas cadeias de suprimentos estão contidos em embalagens, o que torna a análise do papel da embalagem nos fluxos logísticos uma questão fundamental para a definição e o desenho dos processos de fabricação, melhoria do leiaute de fábricas e armazéns e, consequentemente, o aumento da eficiência empresarial.

Além da utilização das embalagens em operações de manuseio e transporte, para o marketing também é grande a importância da embalagem, já que muitas vezes ela é o primeiro elemento que conecta o consumidor ao produto.

A embalagem deve ser analisada segundo dois pontos de vista: a embalagem industrial, utilizada no sistema logístico em processos de armazenagem, manuseamento e transporte, e a embalagem comercial, utilizada pelo marketing e projetada para comunicar produtos e incentivar o consumo.

O crescimento do consumo, sobretudo o de produtos embalados, aumenta a utilização da embalagem, que, embora agregue valor aos produtos que condiciona, tem sua vida útil finalizada no processo de aquisição, devendo posteriormente ser descartada. A crescente conscientização ambiental tem dinamizado os processos de reciclagem, de reutilização ou de destruição de embalagens ambientalmente menos agressivas, utilizando canais de logística reversa com características de armazenagem semelhantes às dos tradicionais canais de suprimentos.

As características interfuncionais da embalagem, assim como a necessidade de controlar o ciclo de vida de cada tipo de embalagem, têm levado ao desenvolvimento de configurações de embalagem que otimizem o sistema logístico, respondam aos anseios do marketing, protejam o produto e facilitem a logística reversa de forma a minimizar os custos das operações, aumentar as vendas e reduzir o impacto ambiental.

Neste capítulo estudaremos as funções e os tipos de embalagem e a respectiva relação com o armazenamento, o transporte e a presença no local de venda, enfatizando sua importância no desempenho do sistema logístico.

1 Embalagem: funções e tipos

Embalagem é um recipiente utilizado para a contenção, proteção, manuseio, entrega, armazenamento, transporte e apresentação de mercadorias, desde matérias-primas a produtos processados. A embalagem influencia todas as atividades de uma empresa, desde a compra de matérias-primas até a fabricação, o transporte e a comercialização de produtos, e é capaz de exercer grande impacto sobre a produção e as vendas, sendo por isso uma preocupação dos setores operacionais da empresa. É um elemento fundamental nas operações de armazenagem e de transporte ao garantir eficiência de manuseio e proteção contra avarias, e, para o marketing, a embalagem designada como comercial é um elemento de comunicação e de promoção, divulgando a marca e alavancando vendas.

Embora seja comum categorizar embalagens em dois tipos, industriais e comerciais, uma classificação de acordo com o papel que a embalagem exerce no sistema logístico permite desenvolver projetos de embalagem alinhados ao planejamento logístico das empresas. Assim, as características de cada tipo de embalagem são as seguintes:

- Embalagens primárias: material que primeiro envolve o produto final e o mantém; é a embalagem que está em contato direto com o conteúdo. Por exemplo, uma garrafa de refrigerante ou uma embalagem longa vida.
- Embalagens secundárias: embalagens que agrupam uma ou mais embalagens primárias, como as caixas de medicamentos com cartelas de medicamentos ou as caixas de papelão ou de madeira contendo garrafas de bebida.
- Embalagens terciárias: normalmente usadas para manuseio, agrupando várias embalagens primárias e secundárias, como as caixas de papelão ondulado que tornam a distribuição mais eficiente.

- Embalagens quaternárias: acondicionam grande quantidade de unidades embaladas e são normalmente utilizadas para transportes a longa distância, facilitando as operações logísticas, a exemplo de contêineres ou paletes.

As embalagens de insumos e componentes para fabricação ou de produtos para comercialização, ao moverem-se na cadeia de abastecimento, podem mudar de tipo e de função. Por exemplo, uma fornecedora de uísque envia para distribuição embalagens primárias (garrafas de uísque) e secundárias (caixas contendo uma garrafa), agrupadas em embalagens terciárias (caixas de papelão contendo 12 unidades), unitizadas em paletes (embalagens quaternárias), que agrupam várias caixas de papelão; o distribuidor manuseia as caixas, retira-as dos paletes e envia-as ao varejo, onde as caixas de papelão são removidas (e presumivelmente mais tarde recicladas ou reutilizadas) e as embalagens secundárias são expostas em gôndolas para comercialização. Verifica-se, assim, a utilidade da embalagem quaternária no transporte, da embalagem terciária no manuseamento, da embalagem secundária na apresentação do produto no ponto de venda e da embalagem primária na utilização pelo consumidor.

O exemplo expressa os benefícios do gerenciamento interfuncional entre a logística e o marketing e o papel do projeto da embalagem no sistema logístico como ponderador dos interesses comerciais e da eficiência do sistema logístico. Embora a embalagem seja uma preocupação do marketing devido ao impacto que é capaz de exercer sobre as vendas, suas características de proteção, estocagem e manuseio em geral recebem escassa atenção desse departamento (BALLOU, 2006); no entanto é fato que o projeto da embalagem industrial é responsável pela eficiência no armazenamento, manuseio e transporte, ao mesmo tempo que contribui para a maximização dos resultados da empresa.

Com o crescimento de compras on-line, o papel da embalagem, no que refere à sua interação com o marketing, tem se modificado: a apresentação do produto na prateleira do varejo tornou-se menos relevante para a decisão de compra. No varejo físico, a embalagem primária facilita o reconhecimento do produto, tem o poder de comunicar a marca e informa as características do produto; no varejo on-line, é função principal da embalagem primária proteger o produto e possibilitar a sua reutilização em eventual devolução, uma vez que o contato do consumidor com o produto é mediado pelo computador. São requisitos para as novas soluções de embalagem:

- Proteção do produto: os produtos contidos em embalagens secundárias e em embalagens primárias vendidos em lojas on-line devem ser protegidos de choques mecânicos, vibrações, descargas eletrostáticas, compressão, etc.
- Aspecto ergonômico: a embalagem deve ser fácil de abrir, fácil de segurar e fácil de usar.
- Segurança: a embalagem deve garantir um transporte seguro; etiquetas RFID ou códigos de barras devem ser inseridos em embalagens secundárias a fim de reduzir roubos, aumentar a segurança e diminuir custos e tempo de rastreabilidade dos produtos.
- Respeito ao meio ambiente: a embalagem deve ser reutilizável ou reciclável, de acordo com as exigências do consumidor final, e causar o mínimo impacto ambiental possível.
- Facilidade de devolução: a embalagem de envio deve poder ser utilizada em eventuais devoluções.

Um estudo atento à forma como os produtos são embalados em cada etapa do processo logístico permite optar pela embalagem que proporcione maior eficiência à empresa, garantindo agilidade nos processos de manuseio e transporte, otimização de custos das operações, acuracidade de estoque e proteção ao meio ambiente.

Ao se projetarem embalagens para exportação, além de normas internacionais ou de cada país importador que regulamentam embalagens com relação ao material (plástico, madeira, papelão ou outro tipo), ao peso e ao volume, deve levar-se em conta a adaptação ao modal de transporte que será utilizado, principalmente com relação à resistência dos materiais para suportar transbordos – em transportes ferroviários e em navios, as mercadorias são mais manuseadas, necessitando de embalagens mais reforçadas do que em transportes porta a porta por caminhão.

Os custos finais dos produtos são consequência do projeto da embalagem e do modo de transporte que será utilizado. Uma embalagem projetada mais eficientemente contribui para a redução de custos de armazenagem, de movimentação e de transporte.

2 Materiais das embalagens

Plástico reciclável, vidro, ligas metálicas, alumínio, tetra pak (alumínio, papel-cartão, polietileno) e papel são os materiais mais comuns utilizados em embalagens primárias e que normalmente são planejadas em conjunto com os respectivos produtos, e não "definidas apenas com base na engenharia, em marketing, comunicação, legislação e economia" (GURGEL, 2014, p. 249).

Embalagens de plástico reciclável são utilizadas em sorvetes, garrafas PET, detergentes, manteigas, produtos hospitalares, etc.; o vidro, muito utilizado em bebidas, cosméticos, entre outros, sofre processos de reciclagem e pode também ser reutilizado; as embalagens metálicas são utilizadas em tintas, conservas, etc., e o alumínio das latas de bebida também é reciclável, sendo o Brasil o maior reciclador mundial de latas de alumínio; as embalagens cartonadas de tetra pak são utilizadas em bebidas, como o leite longa vida, e sofrem processos de reciclagem, transformando-se em telhas, recipientes plásticos, etc.; o papel como embalagem primária pode ser utilizado em forma de saco para comercializar comida, como hambúrgueres, mas também pode servir como embalagem secundária em forma de caixa, contendo embalagens primárias, como as de creme dental, medicamentos, etc.

Atualmente, qualquer projeto de embalagem considera, além das funções de contenção, proteção e eficiência de manuseio, a necessidade de reciclagem, reutilização ou mesmo correção no descarte.

3 Embalagens para armazenagem e transporte

Em processos de armazenagem e transporte de mercadorias são utilizados vários tipos de embalagens industriais: caixas, engradados, tonéis, bombonas, fardos, paletes, entre outros, exemplificados nas figuras 1 e 2.

Figura 1 – Exemplos de bombonas e tonéis

Figura 2 – Exemplos de caixas de madeira e papelão

As embalagens industriais agrupam e protegem produtos contra danos, permitindo o manuseamento de forma eficiente, pois "todas as operações logísticas são afetadas pela embalagem – desde o carregamento de caminhões e a separação de pedidos no depósito até o veículo de transporte e a utilização do volume disponível de armazenamento" (BOWERSOX *et al.*, 2014, p. 257). Esse tipo de embalagem é, em regra, mais resistente e pode ser feita de madeira, como paletes e caixas; há também os engradados de papelão ondulado, para guarda e transporte de todo tipo de material (caixas de papelão e paletes de isopor, quando se trata de embalar produtos congelados ou refrigerados; ou caixas de material plástico e de metal, utilizadas em paletes e contêineres).

Os materiais que compõem as embalagens passam por testes rigorosos, de forma a garantirem a segurança, como é o caso das embalagens de papelão ondulado, que vêm substituindo as embalagens de madeira e que passam por testes de arrebentamento, de esmagamento, de compressão, gramatura, espessura, adesividade e perfuração. Já os tambores de aço e as bombonas de plástico, utilizados para transporte de produtos químicos e alimentícios, são testados para a verificação da resistência química.

É grande a importância da embalagem industrial no processo logístico, e, por isso, o seu design deve atender a requisitos de peso, volume e resistência a eventuais danos que as embalagens primárias possam sofrer no manuseamento ou no transporte, como derramamento do produto ou quebra da embalagem, considerando também que em várias situações a embalagem industrial poderá ser manipulada por um indivíduo sem ajuda mecânica, devendo conter o maior número de embalagens primárias sem, contudo, ultrapassar o peso suportável por manuseio manual.

A preocupação com o aumento da segurança e eficiência das operações de movimentação e de transporte de cargas levou ao desenvolvimento da unitização, isto é, do agrupamento de cargas numa unidade adequada para a movimentação, aumentando a segurança e agilidade na armazenagem e transporte e reduzindo os custos pela utilização de modernos equipamentos de movimentação (KEEDI, 2013).

4 Unitização da carga

As formas mais comuns de unitização são a paletização e a conteinerização.

Paletização

É a utilização de plataformas de madeira, metal, plástico ou papelão, designadas paletes, destinadas a suportar carga fixada por meio de cintas, permitindo sua movimentação mecânica com o uso de garfos de empilhadeira. Os paletes têm dimensões normalizadas e apoiam mercadorias unitizadas até perfazerem uma altura variável, de acordo com as características das mercadorias ou de suas embalagens.

Os paletes podem ter duas ou quatro entradas para os garfos das empilhadeiras. Nos paletes de duas entradas, as empilhadeiras somente podem acessá-los por dois lados; esse tipo de palete é mais resistente e recomendado para uso em prateleiras porta-paletes. Os paletes de quatro entradas, conforme a figura 3, podem ser acessados por qualquer lado pelas empilhadeiras e são mais utilizados na acomodação de mercadorias em transportes internacionais.

Figura 3 – Palete de quatro entradas

Após colocadas sobre o palete, as cargas precisam ser fixadas para não se movimentarem durante o transporte. Essa fixação pode ocorrer por cintas metálicas ou plásticas; por meio de filme plástico em forma de saco que se ajuste à carga por encolhimento mecânico ou manual (shrink); ou por meio de filme elástico que envolva as embalagens sobrepostas ao palete (stretch).

A necessidade de eficiência no transporte e armazenagem levou à padronização das dimensões dos paletes. No Brasil, em 1990 foram introduzidos pela Associação Brasileira de Supermercados (Abras) os paletes PBR, com medidas padronizadas de 1.000 mm × 1.200 mm, que possuem número de peças (tábuas superiores, tábuas intermediárias, tocos e tábuas inferiores) com quantidades e medidas-padrão, além de gravação a fogo nos tocos, mostrando o fabricante, o mês e o ano da fabricação (ABRAPAL, 2014). Esse tipo de palete é o que acondiciona normalmente mercadorias destinadas aos supermercados brasileiros.

A União Europeia utiliza preferencialmente, em transportes internacionais, os europaletes, que possuem medidas padronizadas de 800 mm × 1.200 mm; e nos Estados Unidos e no Japão o palete com dimensões de 1.200 mm × 1.100 mm é bastante comum (KEEDI, 2013).

Além dos tipos citados, existem paletes destinados a movimentações de produtos específicos, como é o caso dos paletes da classe CP, utilizados na movimentação de produtos químicos. No Brasil, os mais usados são o palete CP3, com medida-padrão de 1.140 mm × 1.140 mm, e o CP2, com medida-padrão de 800 mm × 1.200 mm.

Alguns tipos de paletes são retornáveis para reutilização, mas a maioria é do tipo *one-way*, isto é, descartáveis, viajando uma única vez. Na altura da decisão sobre o tipo de palete mais conveniente, as empresas equacionam o custo, o peso e a durabilidade, relacionando com o tipo de produto, conforme quadro 1.

Quadro 1 – Comparação de tipos de paletes

MATERIAL	PESO (KG)	DURABILIDADE	FACILIDADE DE CONSERTO	UTILIZAÇÃO
Madeira	20-42	Média	Alta	Geral (alimentos, peças automotivas, produtos químicos, bens duráveis, etc.)
Madeira compensada	11-16	Média	Baixa	Big bags, materiais de construção
Plástico	13-28	Alta	Média	Produtos farmacêuticos, alimentos, peças automotivas
Metal	12-37	Alta	Média	Alimentos, produtos de automação industrial ou da indústria metalúrgica
Papelão	8-10	Baixa	Baixa	Geral (limite de peso de 2.000 kg); embalagem sem retorno

Fonte: adaptado de Bowersox e Closs (2001, p. 375).

A utilização de paletes reduz o número de movimentações de mercadorias, facilitando a armazenagem em estantes porta-paletes, acessadas facilmente por empilhadeiras, ou o carregamento de contêineres (conteinerização), otimizando o espaço interno.

Conteinerização

É a colocação da carga em contêiner (cofre de carga), um recipiente construído de material resistente o suficiente para suportar uso repetitivo e destinado a propiciar o transporte de mercadorias com segurança, inviolabilidade e rapidez, permitindo facilmente o carregamento e o descarregamento. É um procedimento adequado à movimentação mecânica e ao transporte por diferentes equipamentos.

Contêineres são caixas metálicas com dimensões padronizadas que contêm portas, travas e locais para colocação de lacres, que permitem o transporte das mercadorias neles contidas em condições de elevada segurança. A padronização das dimensões permite que em operações com contêineres se troque facilmente de modo de transporte, pois o equipamento de elevação (guindaste ou empilhadeira) e o sistema de fixação dos contêineres nas unidades de transporte (marítima, rodoviária ou ferroviária) estão igualmente padronizados.

As dimensões dos contêineres são determinadas em pés (*feet*), medida representada por uma aspa simples ('). Um contêiner é identificado pelo seu comprimento, sendo normalmente utilizados os contêineres de 20' (comprimento útil interior de 5,899 m) e de 40' (comprimento útil interior de 12,032 m). A vantagem de utilizar essa classificação tem a ver com a utilização de baias (compartimentos com dimensões normalizadas) instaladas em navios e veículos terrestres com dimensão de cerca de 12 metros (40') e que podem acomodar um contêiner de 40' ou 2 contêineres de 20'.

O comprimento dos contêineres é fixo por cada tipo. Já a largura é uniforme em todos os tipos e é sempre de 8' (oito pés) ou 2,438 metros (largura útil interior de 2,352 m). Quanto à altura, existem contêineres de 8,6' (mais utilizados), ou 2,62 m (altura útil interior de 2,39 m), e de 9,6' (2,74 m), designados high cube (alta cubagem) – estes são exclusivamente de 40', com 2,695 m de altura útil interior.

A capacidade de carga (peso) dos contêineres é determinada pela sua estrutura (todos têm anotados, em seu exterior, a capacidade de carga, o peso bruto e a tara), mas por vezes ela depende de restrições rodoviárias ou portuárias (guindastes com levantamento limitado). Normalmente o peso bruto de um contêiner de 20' é de cerca de 30 toneladas e o de um de 40' é 36 toneladas; descontando a tara de 2 a 4 toneladas, obtemos o peso máximo de carga suportado pelo contêiner. Os contêineres de 40' são normalmente utilizados em transporte de cargas com relação volume (m^3)/peso (t) muito alta, como é o caso de pneus ou roupas.

O volume a ser carregado varia com o tipo. Assim, é possível deduzir que o volume máximo em contêineres de 20' é de 33,16 m^3, e em contêineres de 40', de 67,63 m^3 (76,26 m^3 em contêineres high cube). As empresas de navegação normalmente limitam o peso e o volume carregado nos contêineres-padrão – totalmente fechados, tendo apenas portas em uma das extremidades –, designados dry box (mais utilizados em transportes), com valores de contêineres de 20', 21 t e 33 m^3 e de contêineres de 40', 27 t e 67 m^3.

Os tipos de contêineres mais utilizados são os contêineres secos (dry box). Eles são os mais comuns, com medidas padronizadas, e são utilizados para cargas secas. Têm formato de paralelepípedo, com portas e trancas em uma das extremidades. Os contêineres dry box podem ser de 20' (figura 4) ou de 40', sendo que estes podem ter a altura exterior padronizada de 8,6' ou de 9,6' – neste último caso são designados high cube, como já mencionamos aqui.

Figura 4 – Contêiner seco (dry box) de 20'

Além dos contêineres padronizados, outros tipos são utilizados para transportes específicos, como:

- Contêiner side open: com abertura lateral para uso apropriado em transportes ferroviários e para transporte de volumes de grande comprimento, que têm dificultadas as operações de carga e de descarga pelas extremidades.
- Contêiner de teto aberto, ou open top: utilizado para cargas pesadas, caso do transporte de blocos de mármore, máquinas e equipamentos. Esse tipo de contêiner tem o topo aberto, coberto com um encerado.
- Contêiner refrigerado, ou *reefer*: utilizado no transporte de produtos (normalmente perecíveis) que requerem viagem com temperatura constante; a temperatura é regulada por uma unidade de refrigeração elétrica, exterior ou interior ao contêiner.
- Contêiner ventilado: projetado para evitar a condensação do ar em seu interior; utilizado para transporte de frutas, legumes, animais vivos, etc.
- Contêiner tanque: composto por um tanque cilíndrico, normalmente em aço inox, enquadrado por uma estrutura metálica; utilizado em transporte de cargas líquidas a granel, gases, alimentos e cargas perigosas.
- Contêiner para granéis sólidos (bulk container): utilizado sobretudo no transporte de cereais, farinhas ou açúcar; as mercadorias (granel) são carregadas por escotilhas no teto e o descarregamento pode ser efetuado pelas escotilhas de carregamento, ou, quando existirem, por escotilhas laterais.
- Contêineres plataforma (flat rack): compostos por um estrado, colunas nos cantos e barras diagonais de reforço; são utilizados

para carregamento e transporte de mercadorias pesadas (maquinário, tubos, etc.).

- Contêineres aéreos: construídos em alumínio ou fibra de vidro; têm dimensões adaptáveis aos diferentes tipos de avião.

PARA SABER MAIS

Saiba mais sobre tipos, dimensões e características de contêineres acessando o site do Guia Marítimo (2021).

Outra forma de unitização são os big bags, embalagens reutilizáveis ou descartáveis utilizadas no acondicionamento de granéis fluidos e sólidos, com capacidade variando entre 500 kg e 2.000 kg.

São vantagens da carga unitizada a diminuição de avarias e roubos de mercadorias; o incentivo à aplicação do sistema door-to-door (porta a porta); o ganho no tempo de operação de embarque e desembarque; a padronização internacional dos recipientes de unitização; a redução do número de volumes a manipular; e a redução dos custos de embarque e desembarque e com embalagens.

4.1 Modulação de carga

A eficiência da unitização de carga tem a ver com a otimização do aproveitamento das dimensões e pesos suportados por estruturas de armazenamento e por paletes e contêineres, com a rapidez na formação da unitização das cargas e com a facilidade de manuseio. Para isso, deve haver coerência de dimensões entre: embalagens que serão unitizadas, paletes e contêineres e espaços onde essas unidades de carga serão acomodadas em armazéns, navios, carrocerias de caminhão ou vagonetes de trem.

Modulação de carga refere-se à incorporação, em projetos de embalagem, de restrições na utilização das embalagens pelos consumidores e à racionalização do espaço útil em armazenagem, exposição ou transporte de produtos.

Como exemplo de modulação, consideremos a possibilidade de carregar em um contêiner três fileiras de caixas com 85 cm de altura; dado que a altura interna de um contêiner de 20' é de 2.393 mm, isso não será possível, e, nessas condições, o contêiner viajará com cerca de 1/3 do espaço livre; da mesma forma, se a carroceria de uma carreta que transportasse esse contêiner medisse 8 m, sobraria espaço livre, pois um container de 20' tem 6.058 m de comprimento.

A otimização do espaço interno das unidades de transporte, de modo a haver uma coerêncoa dimensional com a dimensão das cargas, reflete-se no dimensionamento das embalagens comerciais, que também devem otimizar o espaço que ocupam nas gôndolas de supermercado.

A inter-relação entre armazenagem, transporte e comercialização faz do projeto de embalagem um elemento fundamental que deverá otimizar os espaços ocupados pelas embalagens industriais e comerciais, dimensionando-as com submúltiplos das dimensões das unidades de transporte, de armazenagem e de apresentação em pontos de venda.

5 Embalagens para cargas perigosas

O transporte e o armazenamento de produtos perigosos são atividades logísticas críticas que demandam muitos cuidados, e, por isso, faz-se necessária a identificação dos produtos embalados ou contidos em unidades de transporte, para que possam ser estabelecidos critérios de embalagem que garantam a segurança no manuseio e transporte. No Brasil, as operações de manuseio e transporte de cargas perigosas são disciplinadas pela resolução ANTT nº 5.232, de 14 de dezembro de 2016, que estabelece que:

> Produtos perigosos devem ser acondicionados em embalagens de boa qualidade e suficientemente resistentes para suportar os choques e as operações de carregamento normalmente presentes durante o transporte, incluindo transbordo entre unidades de transporte e carregamento e descarregamento entre as unidades de transporte e armazéns, assim como a remoção de um palete ou sobre-embalagem para subsequente movimentação manual ou mecânica. As embalagens devem ser construídas e fechadas de modo que, quando preparadas para transporte, evitem qualquer perda de conteúdo que pode ser provocada em condições normais de transporte, por vibração ou por variações de temperatura, umidade ou pressão. (BRASIL, 2016)

As embalagens contendo produtos perigosos são submetidas a testes e ensaios específicos que certifiquem sua segurança. Para cada tipo de produto acondicionado, o tipo de material e de embalagem e as características físicas devem ser levados em consideração, e os volumes devem exibir marcações ou símbolos adicionais para indicar, por exemplo, as precauções a serem tomadas durante seu manuseio ou estivagem.

5.1 Simbologia em embalagens para carga perigosa

As recomendações para o transporte de produtos perigosos da Organização das Nações Unidas, com base no tipo de risco que oferecem, dividem esse tipo de carga em nove classes, conforme quadro 2. A circulação desses produtos em vias públicas exige a identificação do tipo de produto que está sendo transportado por meio do rótulo indicado para cada classe.

Quadro 2 – Classes de produtos perigosos

CLASSE	TIPOS DE PRODUTO	MODELOS DE RÓTULOS
Classe 1	Explosivos	 Símbolo (bomba explodindo): preto Fundo: laranja
Classe 2	Gases: comprimidos, em estado líquido ou dissolvidos sob pressão	 Símbolo (chama): preto ou branco Fundo: vermelho  Símbolo (cilindro para gás): preto ou branco Fundo: verde  Símbolo (caveira e ossos cruzados): preto Fundo: branco
Classe 3	Líquidos inflamáveis	 Símbolo (chama): branco ou preto Fundo: vermelho

(cont.)

CLASSE	TIPOS DE PRODUTO	MODELOS DE RÓTULOS
Classe 4 (a)	Sólidos inflamáveis	 Símbolo (chama): preto Fundo: branco com sete listras verticais vermelhas
Classe 4 (b)	Sólidos inflamáveis ou substâncias sujeitas à combustão espontânea	 Símbolo (chama): preto Fundo: metade superior branca, metade inferior vermelha
Classe 4 (c)	Sólidos que em contato com a água produzem gases inflamáveis	  Símbolo (chama): preto ou branco Fundo: azul
Classe 5 (a)	Substâncias oxidantes	 Símbolo (chama sobre um círculo): preto Fundo: amarelo
Classe 5 (b)	Peróxidos orgânicos	  Símbolo (chama): preto ou branco Fundo: metade superior vermelha, metade inferior amarela

(cont.)

CLASSE	TIPOS DE PRODUTO	MODELOS DE RÓTULOS	
Classe 6 (a)	Substâncias venenosas tóxicas	 Símbolo (caveira e ossos cruzados): preto Fundo: branco	
Classe 6 (b)	Substâncias infecciosas	 Símbolo (três meias luas crescentes superpostas num círculo) e inscrições: preto Fundo: branco	
Classe 7	Substâncias radioativas	 Símbolo (trevo): preto Fundo: branco	 Símbolo (trevo): preto Fundo: metade superior amarela com borda branca, metade inferior branca
		 Fundo: branco Texto: preto na metade superior do rótulo: FÍSSIL	

(cont.)

<table>
<tr><th>CLASSE</th><th>TIPOS DE PRODUTO</th><th>MODELOS DE RÓTULOS</th></tr>
<tr><td>Classe 8</td><td>Produtos corrosivos</td><td>
Símbolo (líquidos sendo derramados de dois recipientes de vidro e atacando uma mão e um metal): preto
Fundo: metade superior branca, metade inferior preta com uma borda branca.</td></tr>
<tr><td>Classe 9</td><td>Miscelânea de substâncias perigosas, isto é, substâncias que a experiência demonstrou ou possa demonstrar serem de características perigosas e que devam ser enquadradas nesta classe</td><td>
Símbolo (sete listras verticais na metade superior): preto
Fundo: branco</td></tr>
</table>

Fonte: adaptado de Brasil (2016, p. 453-459).

Além das classes de risco, as cargas perigosas são identificadas pelo número ONU de quatro dígitos, precedido das letras UN; por exemplo: UN1090 – acetona. A Resolução nº 5.232, de 14 de dezembro de 2016 (BRASIL, 2016), fornece, para cada produto, exaustivas instruções para embalagem.

A classificação de cargas perigosas por meio da simbologia inerente a cada classe, além da segurança que transmite aos usuários no armazenamento, manuseio e transporte de produtos, permite atribuir a cada produto o tipo de embalagem que mitiga riscos à saúde das pessoas, à segurança pública e ao meio ambiente.

6 Símbolos de segurança e proteção

A NBR 7500 estabelece os símbolos convencionais e seu dimensionamento para serem aplicados nas embalagens para indicação dos riscos e dos cuidados a serem tomados no manuseio, transporte e armazenamento de acordo com a carga contida (ABNT, 2000).

Além da simbologia utilizada na identificação de produtos perigosos, outros símbolos são usados para identificação das condições de manuseio, conforme figura 5.

Figura 5 – Simbologia de segurança e proteção

A simbologia utilizada em embalagens permite identificar a embalagem mais adequada, evitando avarias e orientando as ações dos operadores logísticos, que podem optar pelos equipamentos mais apropriados ao manuseio e transporte.

Considerações finais

Neste capítulo foi salientada a importância de se escolher o material e o tipo de embalagem adequados para cada produto, levando em consideração as condições de manuseio, de transporte e armazenamento a que serão submetidos. No sistema logístico é papel da embalagem, além da necessária proteção e do fornecimento de instruções de manuseio dos produtos que acomoda, agilizar o fluxo dos canais de abastecimento, garantindo segurança às operações e aos operadores que manipulam as mercadorias, como no caso de produtos perigosos, em que as embalagens devem fornecer instruções para lidar com vazamentos ou danos ao recipiente. A eficiência de uma embalagem depende da realização de um projeto que considere não somente os aspectos interfuncionais do sistema logístico, como a capacidade, as dimensões ou o material de que é feita, mas também aspectos econômicos relacionados ao custo de produção e a acréscimos de custos logísticos ocasionados pela embalagem. Além disso, deve-se levar em consideração a eventual possibilidade de reutilização e reciclagem e, quando estas não forem viáveis, o impacto do descarte no meio ambiente.

Referências

ABRAPAL. **Página inicial**. 2014. Disponível em: http://www.abrapal.org/. Acesso em: 1º mar. 2021.

ASSOCIAÇÃO BRASILEIRA DE NORMAS TÉCNICAS (ABNT). **ABNT NBR 7500**: símbolos de risco e manuseio para o transporte e armazenamento de materiais. Rio de Janeiro: ABNT, 2000.

BALLOU, R. H. **Gerenciamento da cadeia de suprimentos**: logística empresarial. Porto Alegre: Bookman, 2007.

BOWERSOX, D. J.; CLOSS, D. J. **Logística empresarial**: o processo de integração da cadeia de suprimento. São Paulo: Atlas, 2001.

BOWERSOX, D. J. *et al.* **Gestão logística da cadeia de suprimentos**. Porto Alegre: AMGH, 2014.

BRASIL. Ministério dos Transportes. Agência Nacional de Transportes Terrestres. Resolução nº 5.232, de 12 de fevereiro de 2016. Aprova as instruções complementares ao regulamento terrestre do transporte de produtos perigosos, e dá outras providências. **Diário Oficial da União**, Brasília, DF, 12 fev. 2016. Disponível em: https://anttlegis.antt.gov.br/action/UrlPublicasAction.php?acao=abrirAtoPublico&num_ato=00005232&sgl_tipo=RES&sgl_orgao=DG/ANTT/MTPA&vlr_ano=2016&seq_ato=000. Acesso em: 2 fev. 2020.

FECOMÉRCIO RS. **Página inicial**. 2021. Disponível em: https://fecomercio-rs.org.br/tag/curso-gratuito/. Acesso em: 1º mar. 2021.

GUIA MARÍTIMO. **Tipos de containers**. 2021. Disponível em: https://www.guiamaritimo.com.br/utilidades/tipos-containers. Acesso em: 1º nov. 2020.

GURGEL, F. D. **Administração da embalagem**. 2. ed. São Paulo: Cengage Learning, 2014.

KEEDI, S. **Logística de transporte internacional**: veículo prático de competitividade. 4. ed. São Paulo: Aduaneiras, 2013.

Capítulo 9

Movimentação de materiais

Presente em todas as etapas do processo logístico, o manuseio de materiais é responsável pela integridade e movimentação dos estoques até a disponibilidade de produtos para o cliente final. A eficiência das operações de movimentação de materiais é consequência da disponibilidade e alocação de recursos – mão de obra e equipamentos de armazenagem e de manuseio – e reflete-se no nível de serviço que a empresa oferece a seus clientes.

Diante da intensidade de mão de obra presente em operações de movimentação de materiais e da necessidade de investimento em equipamentos de armazenagem e de manuseio, é grande o impacto dos custos de movimentação de materiais na rentabilidade das empresas. Pela análise do leiaute do armazém e do equipamento utilizado e atendendo aos custos envolvidos nas operações de estocagem e manuseio, é possível aumentar a rentabilidade da empresa, garantir maior segurança e rapidez na execução das operações de armazenagem e, consequentemente, melhorar o nível de serviço oferecido aos clientes. Neste capítulo serão analisados os aspectos que devem ser considerados ao projetar armazéns e nas decisões relativas aos equipamentos de armazenagem e manuseio.

1 Princípios básicos de movimentação de materiais

O manuseio logístico de materiais, que ocorre em todas as etapas da cadeia de suprimentos, é realizado manualmente, mecanicamente ou mesmo de forma automatizada. A eficiência das atividades de manuseio impacta a produtividade do sistema ao requerer mão de obra especializada, equipamentos de movimentação e armazenagem adaptados a cada tipo de produto. Constantes inovações baseadas em novas tecnologias de transmissão de dados e de automação têm agilizado operações, aumentado a segurança em armazéns e diminuído espaços de armazenagem, contribuindo dessa forma para maximizar a rentabilidade.

A movimentação de materiais varia de acordo com o tipo de produto. Produtos a granel são movimentados de forma diferente de produtos embalados, pois requerem equipamentos especiais, como a tubulação para granéis líquidos e gasosos, ou, no caso de granéis sólidos, a utilização de esteiras, silos, sugadores e moegas (equipamentos destinados a dosar materiais provenientes de silos, a fim de posteriormente ensacá-los) para o manuseio de cimento, cereais, etc. Produtos perecíveis ou congelados necessitam de controle de temperatura e de umidade na armazenagem e no transporte, requerendo cuidados especiais no manuseio. É o caso de imunizantes (vacinas), que normalmente necessitam de temperatura controlada e de procedimentos de armazenagem e manuseio específicos, o que levou à publicação pelo Ministério da Saúde do *Manual de rede de frio* (FUNASA, 2001), descrevendo os equipamentos apropriados de armazenagem e de transporte e normas específicas para transporte e distribuição.

Infraestrutura de armazenagem, equipamentos e normas de manuseio interno e de transporte entre instalações variam de acordo com cada produto; no entanto, face aos avanços na tecnologia e nos equipamentos de manuseio, alguns princípios básicos de movimentação, expressos na figura 1, são aplicáveis indistintamente, pois apresentam uma base inicial para a avaliação de alternativas de manuseio de materiais (BOWERSOX *et al.*, 2014).

Figura 1 – Princípios básicos de movimentação de materiais

Os equipamentos de manuseio e armazenamento devem ser os mais padronizados possíveis.

Quando em movimento, o sistema deve ser projetado para proporcionar o máximo de continuidade ao fluxo de produtos.

O investimento deve priorizar equipamentos de manuseio, e não equipamentos estacionários.

O tempo de utilização dos equipamentos deve ser otimizado.

A razão entre o peso do equipamento de manuseio e a carga útil deve ser minimizada.

Sempre que for prático, o retorno da gravidade deve ser incorporado ao projeto do sistema.

Fonte: adaptado de Bowersox *et al.* (2014, p. 262).

Em decisões sobre movimentação de materiais, é importante considerarem-se os custos operacionais, pois, embora não agreguem valor ao produto, impactam de forma significativa o custo total de armazém, e, em consequência, a rentabilidade da empresa, devendo, por isso, ser objeto de uma análise abrangente no contexto do sistema logístico.

É elevado o custo da movimentação de materiais em armazéns quando esta é realizada pela combinação de mão de obra com equipamentos de manuseio mecanizado. Atualmente, o mais comum são sistemas de manuseio automatizado que tentam minimizar a utilização da mão de obra ou sistemas orientados pela informação que aplicam tecnologia da informação para direcionar equipamentos de manuseio mecanizado e minimizar esforços de trabalho (BOWERSOX *et al.*, 2014).

Os equipamentos de estocagem e movimentação de materiais devem contribuir não somente para agilizar processos, o que impacta o nível de serviço ao cliente, mas também para otimizar a área do armazém, aumentando o espaço utilizável – por exemplo, aproveitando toda a altura de armazenagem disponibilizada. Os crescentes encargos com o ativo imobilizado – edificações, veículos, equipamentos – induzem a gestão de armazenagem a maximizar a utilização do volume, e não somente da área disponível, desde que disponha de equipamentos de armazenagem e manuseio apropriados.

Ballou (2007, p. 386) diz que "a melhoria da eficiência do manuseio dos materiais desenvolve-se ao longo de quatro linhas: a unitização da carga, o leiaute do espaço, a escolha do equipamento de estocagem e a escolha do equipamento de movimentação". Por isso, um sistema de movimentação de materiais deve atender à funcionalidade das estruturas e dos equipamentos utilizados de acordo com os produtos que serão manuseados e garantir que o custo de implantação e funcionamento seja compensado com o aumento na eficiência operacional.

A busca pela eficiência no processo de gerenciamento de armazenagem pressupõe a realização de um *trade-off* entre a minimização de custos relacionados a atividades que não agreguem valor aos produtos, como as relacionadas ao manuseio interno e à otimização da utilização tridimensional dos espaços disponíveis, e as atividades que agregam valor, como as que reduzem o tempo de ciclo das operações internas.

2 Áreas de armazenagem

Como analisamos no capítulo 7, as áreas de armazenagem devem possibilitar a realização eficiente das operações básicas (figura 2) relativas à arrumação, movimentação e separação dos pedidos, além das tarefas administrativas relacionadas aos processos de armazenagem.

Figura 2 – Operações básicas de armazenagem

As atividades típicas de armazenagem podem ser divididas em dois grupos: atividades de recepção e atividades de expedição; ambas utilizam o espaço e os equipamentos disponibilizados pelo armazém para realizar as funções de guarda e manuseio de produtos, como esquematizado na figura 3. A organização de fluxos e áreas de armazenagem de produtos deve ser projetada de acordo com as áreas externas de movimentação e estacionamento de viaturas, as docas de carga e descarga e as restrições físicas do edifício.

Figura 3 – Armazém com fluxo de materiais bem-direcionado

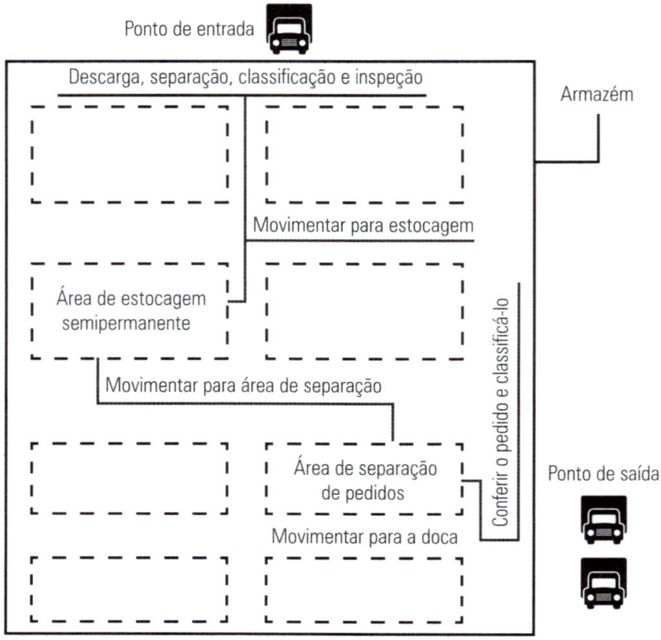

Fonte: adaptado de Ballou (2007, p. 375).

No projeto de um armazém também deve-se considerar as características de movimentação interna de produtos e atender a um plano de utilização do espaço e dos fluxos previstos de materiais (BOWERSOX *et al.*, 2014), priorizando a redução de custo pela otimização dos espaços disponíveis e atendendo à fluidez na movimentação dos produtos e à facilidade de picking.

PARA SABER MAIS

A operação de picking, que consiste em separar e preparar pedidos de clientes, é uma das atividades mais críticas dentro de um armazém, pois, além de representar um custo significativo na operação, influencia o tempo de ciclo de uma encomenda. Algumas modalidades de picking são as seguintes:

- Picking by order (order picking) – o operador é responsável por recolher todos os itens de uma encomenda, o que reduz a possibilidade de erros, mas é um método lento.
- Picking by line – o operador recolhe em cada localização a quantidade de produto necessária para satisfazer várias encomendas (produtividade elevada).
- Zone picking – o operador recolhe em cada zona de armazenagem todos os produtos para cada encomenda que estão nela localizados (picking by order dividido por encomendas).
- Batch picking – o operador trabalha sobre um grupo de encomendas em simultâneo, ou seja, recolhe a quantidade total para todas as encomendas e depois separa os itens por encomenda.

Além das operações de arrumação e de picking, as atividades de recepção, preparação e expedição devem orientar o leiaute do armazém, isto é, "a maneira segundo a qual se encontram dispostos fisicamente os recursos que ocupam espaço dentro das instalações de uma operação" (CORRÊA; CORRÊA, 2012, p. 399).

A atividade de recepção de produtos consiste no descarregamento da carga recebida do veículo de transporte e na colocação em uma área de armazenamento temporária (*dock staging area*); na sequência, procede-se à verificação da mercadoria (quantidade e qualidade) e à atualização do inventário.

Após a recepção, os produtos devem ser temporariamente estocados com base nas regras do leiaute do armazém e direcionados a um local específico por meio do endereçamento, para posteriormente ser facilmente localizados e retirados.

O endereçamento de produtos deve estar vinculado ao leiaute, de forma a identificar com precisão a área física destinada a cada item e o tipo de equipamento de movimentação que será utilizado, podendo ser organizado e identificado por caracteres alfanuméricos, indicando respetivamente: armazém – módulo (baia) – rua (corredor) – nível (prateleira) (PAOLESCHI, 2014). A localização dos estoques prevista no leiaute deve minimizar as despesas com manuseio de materiais, maximizar a utilização do espaço do armazém e atender a restrições relacionadas à localização das mercadorias, como aquelas necessárias para a segurança, proteção contra incêndios, compatibilização dos produtos e separação de pedidos (BALLOU, 2007).

A preparação de pedidos consiste em reunir os produtos da encomenda, normalmente unitizados num palete, e na cintagem ou filmagem do palete. Na expedição, os paletes são consolidados junto ao cais, ordenados pelo critério Ueps, ou LIFO (*last in, first out*); ou seja, o primeiro palete a entrar no veículo é destinado ao último cliente a ser visitado.

2.1 Projeto do leiaute

No projeto de um armazém, todas as dimensões do imóvel devem ser otimizadas com base na análise da zona de armazenagem e, sobretudo, nos procedimentos de picking, visto a despesa com mão de obra para separar a mercadoria de um armazém ser muito maior que a necessária para estocá-la (BALLOU, 2007). Assim, o leiaute e o sistema de manuseio devem ser analisados e projetados de forma integrada, de forma a otimizar a eficiência de processos e evitar desperdícios de tempo na realização das operações de armazenagem.

O leiaute das áreas de estocagem deve atender às especificidades dos produtos e dos equipamentos estruturais e de movimentação; a altura do imóvel deverá ser otimizada atendendo aos tipos de equipamento de movimentação disponibilizados; e os corredores entre estantes devem ter largura suficiente para não dificultar passagem e manobras de equipamentos de movimentação ou de produtos específicos.

Em termos operacionais, o leiaute deve minimizar a distância total percorrida (ou tempo gasto) pelos operadores e permitir o fácil acesso aos produtos armazenados; para isso, devem ser considerados os seguintes aspectos:

- Produtos de elevada rotatividade devem ficar armazenados em locais que minimizem as distâncias a percorrer.
- Produtos recebidos e/ou enviados em conjunto devem ser armazenados juntos. Por exemplo: armazenar as partes de um motor próximas umas das outras.
- Os produtos devem ser armazenados em espaços apropriados para o seu tamanho; estruturas com prateleiras de altura regulável permitem otimizar a altura de armazenagem.
- Uma excessiva otimização do espaço pode conduzir à degradação das condições de acesso; os corredores de acesso devem ser largos, e as infraestruturas de armazenamento, acessíveis de ambos os lados.

2.2 Tipos de leiaute

Os tipos de leiaute de armazéns, conforme esquema da figura 4, podem apresentar fluxos direcionados de movimentação interna em forma de I, quando as zonas de expedição se situarem no extremo oposto das zonas de recepção; em forma de L, se a zona de expedição for lateral à zona de recepção; e em forma de U, ou fluxo quebrado, quando o leiaute de instalação do armazém permite que a zona de entrega e a de expedição de material sejam na mesma área.

Um dos aspectos controversos dos projetos de leiaute de armazéns refere-se à localização das zonas de recepção e de expedição – se situadas na mesma área ou em áreas afastadas. Ao optar por situá-las na mesma área, reduzem-se as distâncias percorridas pelos operadores no armazém durante as atividades de arrumação e picking, obtém-se uma maior flexibilização de cargas e descargas e consolida-se a função supervisora das operações. Porém, a organização dos procedimentos de manuseio pode resultar em maiores congestionamentos internos; já os fluxos direcionados minimizam os congestionamentos internos e externos, sendo um método adequado para armazéns de unidades fabris (CARVALHO, 2012) e para a realização de operações de cross--docking, que é a transferência de produtos da zona de recepção para a zona de expedição, com tempo de permanência em armazém muito curto e, normalmente, sem recurso a estruturas de armazenagem nem de operação de picking.

Figura 4 – Representação do leiaute de armazenagem em fluxo direcionado e em fluxo quebrado

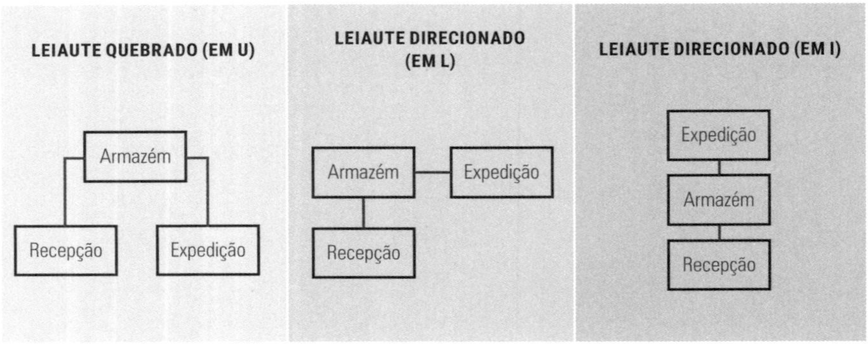

A crescente integração das empresas ao sistema logístico tem intensificado a utilização dos procedimentos de cross-docking, exigindo que o produto seja "rapidamente descarregado, desunitizado, agrupado, sequenciado na configuração adequada a cada cliente e recarregado no veículo de transporte" (BOWERSOX *et al.*, 2014, p. 238), tornando o afastamento entre a recepção e a expedição – e, portanto, um leiaute direcionado – mais eficiente, pois isso possibilita o manuseio interno de forma organizada.

2.3 Estruturas de armazenagem

Os armazéns podem utilizar equipamentos de armazenagem manuais ou automáticos. Os armazéns com sistemas manuais – mais comuns – utilizam, entre outros, os seguintes equipamentos de armazenagem:

- Estrutura porta-paletes: mais utilizada sobretudo quando existe seletividade e elevada rotatividade nas operações de carregamento, tornando-se mais eficiente pela facilidade de localização; no entanto, requer espaços maiores de corredores para circulação.

Figura 5 – Estrutura porta-paletes

- Estrutura drive-in e drive-through: estrutura de armazenagem sem corredores de separação utilizada para verticalizar cargas paletizadas com baixa rotatividade e com movimentação interna da empilhadeira, ideal para trabalhar com grandes quantidades de um mesmo produto e armazenagem em lote. Diferentemente da estrutura drive-in, a estrutura drive-through permite acesso à empilhadeira por lados opostos.

- Estruturas *cantilever*: projetadas para a armazenagem de unidades de carga de grande longitude ou com medidas variadas, caracterizam-se por uma estrutura muito simples composta por colunas e uma série de braços em balanço sobre os quais se depositam a carga.

Figura 6 – Estrutura *cantilever*

- Estruturas gravitacionais (gravitity rack): também designadas de rack de fluxo de paletes, são constituídas por uma plataforma de roletas com ligeira inclinação, permitindo o deslizamento pela ação da gravidade; a velocidade do deslizamento é controlada por um sistema de amortecimento.

- Estantes: sistemas estáticos para a estocagem de itens de pequeno tamanho, que podem dispor de acessórios como divisores, retentores, gavetas e painéis laterais e de fundo; ajudam a organizar paletes, pilhas, ferramentas e outras utilidades industriais. Esse tipo de equipamento tem custo operacional elevado, requerendo muita mão de obra e manutenção frequente.

Figura 7 – Estantes de armazenagem

Os armazéns com sistemas automatizados podem desempenhar algumas ou todas as funções de armazenagem sem intervenção humana; são exemplos de sistemas de armazenagem automatizados:

- Carrosséis horizontais e verticais: compostos por prateleiras que rodam no sentido horizontal ou vertical, entregando os itens selecionados num ponto de acesso.

Figura 8 – Estrutura em carrossel

- Autoportantes: sistemas que utilizam transelevadores – sistemas de armazenagem automáticos que funcionam através de um sistema informático – para a armazenagem de paletes, que pode ocorrer até a 30 metros de altura, não sendo necessário um operador de armazém (CARVALHO, 2012).

Figura 9 – Armazém autoportante

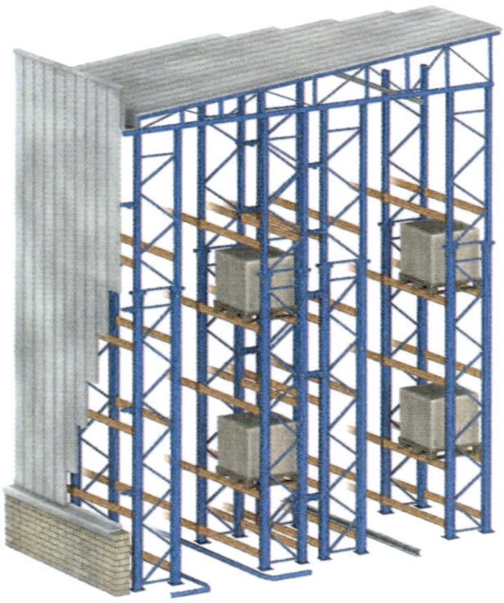

A opção por determinada estrutura tem a ver com as condições do imóvel, o tipo de material que será estocado, a rotatividade prevista para o estoque, o investimento necessário e o equipamento de manuseio que será utilizado.

2.4 Equipamentos de manuseio

A movimentação de materiais pode ser realizada manualmente, recorrendo-se a carrinhos manuais ou a paleteiros (porta-paletes) de quatro rodas; ou mecanicamente, com ou sem auxílio de energia.

Os tipos de equipamentos para manuseio mais usados em armazéns são: porta-paletes, empilhadeiras, transportadores aéreos a cabo, esteiras rolantes e veículos guiados automaticamente por fio AGV.

- Porta-paletes: carrinhos com braços estáticos em forma de garfo e um pistão hidráulico para a elevação da carga e que podem ser movidos manualmente ou por energia elétrica.
- Empilhadeiras: movimentam cargas horizontal e verticalmente até alturas de 12 metros; podem movimentar-se em corredores estreitos e são utilizadas quando o peso e/ou as distâncias são grandes. Atuam preferencialmente na movimentação de paletes e em embarque e desembarque de mercadorias. Podem ser movimentadas com baterias ou a gás propano.
- Transportadores aéreos a cabo: estruturas aéreas com base em correntes suportando produtos e com movimentação contínua, descrevendo um circuito determinado. Têm menos flexibilidade que empilhadeiras e são utilizados para transporte de caixas ou vestuário em armazéns de vestuário pronto para vestir.
- Esteiras rolantes: utilizadas para o transporte de vários tipos de materiais, seja em cargas e descargas ou para movimentação interna, agilizando processos logísticos.
- Veículos guiados automaticamente por fio AGV: equipamentos de transporte interno semelhantes às empilhadeiras que se deslocam em trajetórias determinadas e que são guiados e propulsionados por um campo magnético embutido no chão ao longo do percurso.

A eficiência de um armazém depende da combinação de múltiplos fatores relacionados aos produtos a serem armazenados, ao leiaute do armazém, às estruturas de armazenagem, aos equipamentos de movimentação e ainda ao valor do investimento e aos custos operacionais e de manutenção. Uma análise ponderada desses fatores permite optar pela combinação que melhor otimiza a eficiência e respeita o nível de serviço oferecido aos clientes.

Considerações finais

A movimentação de materiais é uma atividade logística fundamental que não pode ser menosprezada, pois embora não agregue valor aos produtos, tem importante participação nos custos logísticos e contribui significativamente para assegurar o nível de serviço ao aplicar o manuseio ágil e seguro dos itens em estoque. O desempenho na movimentação de materiais é reflexo do grau de integração dos equipamentos de armazenagem e manuseio ao leiaute do armazém. Neste capítulo foram analisados vários processos e tecnologias de endereçamento e de movimentação que permitem melhorar o desempenho da armazenagem, sem diminuir o nível de serviço oferecido ao cliente.

Referências

BALLOU, R. H. **Gerenciamento da cadeia de suprimentos**: logística empresarial. Porto Alegre: Bookman, 2007.

BOWERSOX, D. J. *et al.* **Gestão logística da cadeia de suprimentos**. Porto Alegre: AMGH, 2014.

CARVALHO, J. C. **Logística e gestão da cadeia de abastecimento**. Lisboa: Sílabo, 2012.

CORRÊA, H.; CORRÊA, C. A. **Administração de produção e operações**: manufatura e serviços – uma abordagem estratégica. São Paulo: Atlas, 2012.

FUNDAÇÃO NACIONAL DE SAÚDE (FUNASA). **Manual de rede de frio**. Brasília: Ministério da Saúde, 2001. Disponível em: http://bvsms.saude.gov.br/bvs/publicacoes/manual_rede_frio.pdf. Acesso em: 1º mar. 2021.

PAOLESCHI, B. **Estoques e armazenagem**. São Paulo: Érica, 2014.

Capítulo 10

Sistemas de informação e indicadores de desempenho

Como temos analisado, os estoques são resultado da falta de alinhamento entre a demanda e o fornecimento em todos os níveis dos canais de suprimento, tornando a fluidez dos produtos um fator crítico à eficiência das cadeias de abastecimento; desse modo, as empresas devem sincronizar demandas, produções e suprimentos de insumos, o que só é possível se a informação fluir ao longo da cadeia, permitindo que supervisores tomem decisões que otimizem as operações. Com o avanço das novas tecnologias de informação e comunicação, o processo de coleta e transmissão de informação se tornou mais ágil e seguro, o que garante maior objetividade e rapidez no processo de tomada de decisão. Neste capítulo, serão analisados alguns sistemas de informação logísticos utilizados pelas empresas para aumentar a eficiência dos processos logísticos, integrando-os sem prejudicar o nível do serviço oferecido aos clientes.

1 Utilização de sistemas de informação no controle de estoque

As mudanças ininterruptas e imprevisíveis dos mercados impactam fortemente todas as etapas da cadeia de abastecimento, a qual deve ser adaptada de forma constante, sem perder o foco em resultados e cumprindo com a oferta do nível de serviço acordado. A armazenagem, presente em todas as etapas do sistema logístico, tem como função principal a coordenação do suprimento de estoques e das demandas das etapas subsequentes, minimizando a quantidade e o tempo de permanência de produtos armazenados; mas, para que isso seja possível, é necessário subsidiar de forma permanente os gestores com informações, a fim de possibilitar a tomada de decisões.

Tradicionalmente, as cadeias de abastecimento utilizam a informação de forma reativa para subsidiar alterações em previsões; no atual contexto, a integração das cadeias de abastecimento é um fato, e, em face da dinâmica dos mercados, os gestores necessitam da informação, sobretudo para prevenir imprevistos que possam prejudicar as operações, ou, quando isso não for possível, para encontrar alternativas que permitam minimizar os efeitos nocivos de situações anômalas.

A integração das cadeias de abastecimento pressupõe que os fluxos que as percorrem – físicos e de informação operacional ou financeira – estejam conectados, possibilitando uma gestão eficiente que em grande parte depende do compartilhamento da informação e do sincronismo entre esses fluxos.

> A sincronização significa que todas as partes de uma cadeia de suprimentos estão caminhando no mesmo ritmo, isto é, mediante o compartilhamento da informação e alinhamento dos processos, existe de fato um único conjunto de números e uma só programação para toda a cadeia de abastecimento. (CHRISTOPHER, 2010, p. 151)

A vantagem de fluxos rápidos de informação está diretamente relacionada com o equilíbrio dos procedimentos de trabalho, pois executivos utilizam cada vez mais a informação para obterem um controle efetivo das operações logísticas, substituindo a imprecisão das previsões e conseguindo mais rapidez nas respostas às alterações mercadológicas (BOWERSOX; CLOSS, 2001).

Os sistemas de informação logística (logistics information systems – LIS), como mostra a figura 1, gerenciam as atividades logísticas de forma integrada, desde a entrada de pedidos e alocação de estoque até a formulação de alianças estratégicas.

Figura 1 – Funcionalidade dos sistemas de informação logística (LIS)

Sistema transacional	Controle gerencial	Análise de decisão	Planejamento estratégico
Entrada de pedidos	Mensuração financeira	Programação e roteamento de veículos	Formulação de alianças estratégicas
Alocação de estoque	Custo	Gerenciamento e níveis de estoque	Desenvolvimento e aperfeiçoamento de capacitações e oportunidades
Separação de pedidos	Gerenciamento de ativos	Configuração de redes/instalações	Análise do serviço ao cliente focada no lucro
Expedição	Mensuração do serviço ao cliente	Integração vertical *versus* terceirização	
Formação de preço e emissão de fatura	Mensuração da produtividade		
Pesquisa entre os clientes	Mensuração da qualidade		

Fonte: adaptado de Bowersox e Closs (2001, p. 177).

Para apoiar adequadamente o planejamento e as operações da empresa, os sistemas de informação logística devem incorporar os seguintes princípios (BOWERSOX; CLOSS, 2001):

- Disponibilidade: informação atual e disponibilizada de forma acessível; por exemplo: há insumos disponíveis para produzir uma encomenda?
- Precisão: a informação deve ser correta e fidedigna; por exemplo: os insumos necessários estão disponíveis na quantidade exata para produzir uma encomenda?
- Atualização em tempo hábil: a informação deve ser transmitida de forma rápida; por exemplo, no caso de uma possível encomenda, o vendedor deve ser imediatamente informado se existem ou não insumos que permitam fechar o pedido.
- Gestão por exceções: a informação deve possibilitar ao gestor o conhecimento sobre situações anômalas que impactem a variabilidade das operações; por exemplo, é preciso que se saiba se está atrasada a entrega de determinada mercadoria, possibilitando a tomada decisões de forma a não prejudicar o bom andamento das operações.
- Flexibilidade: a informação deve ser capaz de satisfazer utilizadores e clientes simultaneamente; por exemplo, balancear produção e vendas sem criar na empresa situações de ruptura.
- Formato adequado: a informação deve conter sequência, estrutura e suporte adequados, facilitando a consulta; por exemplo, no caso de uma possível encomenda, devem ser informados quantidades e flexibilidade de prazos.

A evolução dos sistemas de informação permite compartilhar informações entre as empresas que compõem as cadeias de abastecimento, de modo a gerenciar estoques e minimizar o tempo de permanência do estoque em depósitos, sem rupturas de abastecimento e sincronizando suprimentos com produções e abastecimentos com demanda. Jain, Wadhwa e Deshmukh (2009, p. 21) deduziram a evolução verificada nos sistemas de informação (quadro 1) relacionando o sistema logístico, seus objetivos e funções com os principais fatores limitativos.

Quadro 1 – Evolução dos sistemas de informação utilizados nas cadeias de abastecimento

SISTEMA	OBJETIVOS E FUNÇÕES	LIMITAÇÕES
MRP (Material requirement planning)	Utiliza como entrada informações sobre a demanda do MPS (master production schedule), com uma descrição dos componentes que entram num produto acabado (BOM – bill of materials), a ordem ou o tempo de produção de componentes e o estado atual do inventário.	O programa faz suposições como: capacidade infinita, quantidades de lotes mais econômicos, além de fixar prazos de entrega.
	Calcula a quantidade exata, a data precisa e a data de lançamento prevista para cada subconjunto, componente e material necessário para fabricar os produtos listados no MPS.	Para ter sucesso é necessário um cronograma de produção realista, métodos de controle, prioridade de planejamento, prazos de aquisição precisos, abordagem equilibrada para mudanças de planejamento devidos a eventos imprevistos e dados precisos processados em tempo hábil.
MRPII (Manufacturing resource planning)	Auxilia uma melhor gestão dos recursos da empresa, fornecendo informações com base no plano de produção para todas as áreas funcionais ou unidades.	O sistema funciona com prazos fixos e não permite prazos variáveis.
	A informação do MRPII é útil para diversas áreas funcionais: compras, produção, finanças, entre outras.	

(cont.)

SISTEMA	OBJETIVOS E FUNÇÕES	LIMITAÇÕES
ERP (Enterprise resource planning)	Integra processos de informação relacionados com as áreas funcionais de uma organização, distribuídos por múltiplos locais.	Foco dentro da organização; fraca capacidade analítica.
EDI (Electronic data interchange)	Troca de dados eletrônicos entre parceiros do negócio.	Só troca dados entre parceiros que estabelecerem acordos.
SCM systems (Supply chain management systems)	Ferramentas analíticas para planejamento avançado e decisões estratégicas na cadeia de abastecimento.	Falta integração com sistemas ERP.
APS (Advanced planning scheduling)	Ajuda as empresas a relacionar a sua oferta com a demanda. Integra-se com módulos para gestão de relacionamento com clientes e gestão do ciclo de vida do produto. As empresas podem prever a demanda com a ajuda de modelos complexos e técnicas estatísticas.	Apesar de "inteligentes", essas ferramentas são prejudicadas devido ao seu foco nas funções de fabricação, distribuição e transporte na cadeia de abastecimento, o que é inaceitável na atual dinâmica dos mercados.
CPFR (Collaborative planning, forecasting and replenishment)	Tem uma abordagem integrada para a cadeia de suprimentos entre uma rede de parceiros comerciais que partilham informações e resultados.	A implementação do sistema depende dos dados disponíveis nos sistemas existentes e da capacidade dos parceiros de se comunicarem entre si.

Fonte: adaptado de Jain, Wadhwa e Deshmukh (2009, p. 20-21).

Inicialmente, o foco do planejamento de recursos em empresas era voltado para as necessidades de materiais utilizando sistemas de MRP e de MRPII. O MRP tem o seu funcionamento baseado no planejamento de aquisição das quantidades necessárias de matérias-primas e partes para o subsistema logístico de produção; já o MRPII expandiu-se para fora do MRP ao planejar e monitorar todos os recursos de uma empresa de manufatura: produção, marketing, finanças e engenharia. O ponto forte desses sistemas estava no fato de que, se a demanda mudasse, o sistema MRP calcularia todo o efeito cascata e emitiria instruções de acordo com a mudança (SLACK *et al.*, 2013).

Posteriormente, o planejamento de recursos empresariais passou a utilizar sistemas de ERP, que captam e armazenam informações em várias áreas funcionais da organização, reduzindo a intervenção humana e, consequentemente, erros na coleta de dados, possibilitando sua integração num único sistema, constituído por um "conjunto de módulos de planejamento que transformam a demanda antecipada em planejamentos de gerenciamento de suprimentos, produção e distribuição" (TAYLOR, 2005, p. 108). Sistemas ERP, além de controlarem mais eficientemente as operações da empresa, integram informações e permitem uma gestão unificada de processos.

O sistema ERP é alimentado utilizando como *input* os dados históricos e a previsão de vendas; o módulo de planejamento de necessidades de distribuição (DRP – distribution requirements planning) cria um planejamento de distribuição atendendo à quantidade e aos tipos de produtos que devem estar disponibilizados em cada período considerado. Esse planejamento é transmitido como *input* ao módulo de planejamento mestre de produção (MPS – master production scheduling), que calcula quando a produção deve ocorrer para cumprir com a entrega; a programação desse módulo é validada pelos módulos de MRP (material requirements planning), que programam a aquisição de materiais e componentes necessários; há ainda o módulo de planejamento de capacidade de curto prazo (CRP – capacity requirements planning), que verifica a disponibilidade do trabalho a ser realizado (TAYLOR, 2005, p. 109).

Figura 2 – Sistema de programação ERP

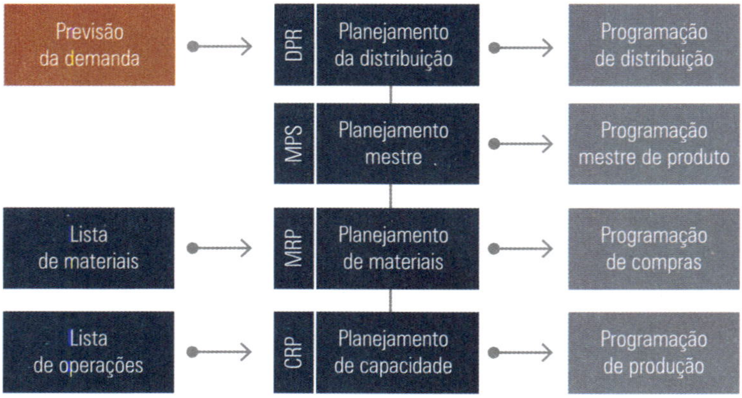

Fonte: adaptado de Taylor (2005, p. 216).

O sistema ERP integra diferentes processos: produção, distribuição, compras e manutenção, o que permite à empresa responder rapidamente às solicitações dos clientes e às alterações dos mercados. No entanto, a operação dos módulos é complexa, pois cada produto é constituído por vários elementos e sofre várias operações, tornando-se necessária a produção das listas de materiais, nas quais estão definidas as quantidades de materiais e o tempo necessário à produção, e da lista de operações, que define a mão de obra e os equipamentos necessários.

A produção *lean*, também conhecida como sistema Toyota de produção, diz respeito a fazer mais com menos – menos tempo, menos espaço, menos esforço humano, menos maquinaria, menos material – e, ao mesmo tempo, dar aos clientes o que eles esperam (DENNIS, 2008). Pode parecer conflitante com o sistema ERP, sobretudo em empresas de produção puxada, que é um dos principais elementos do sistema *lean*, pois enquanto o ERP parece apoiar a produção enxuta, utilizando módulos que fornecem informações sobre a capacidade de carga do programa mestre de produção, os elementos fundamentais do sistema de produção *lean* (melhoria contínua, gestão visual e à prova de erros) não estão presentes no sistema ERP.

As funcionalidades do sistema ERP podem ser conciliadas com a filosofia de produção *lean*, adaptando ao sistema ERP um módulo de suporte à produção puxada, que pode ser utilizado para identificação de melhorias.

A conjugação de poderosos sistemas de gestão de bases de dados com facilidade nas transferências eletrônicas de dados (EDI) fez surgirem os sistemas APS, que, em vez de utilizar, como nos sistemas ERP, uma previsão de demanda como *input*, incluem um módulo de planejamento de demanda que gera a previsão e a transfere para o módulo de planejamento mestre, que, em conjunto com os três módulos subordinados, calcula e otimiza os planejamentos de compras, produção e distribuição.

Figura 3 – Exemplo de um sistema APS

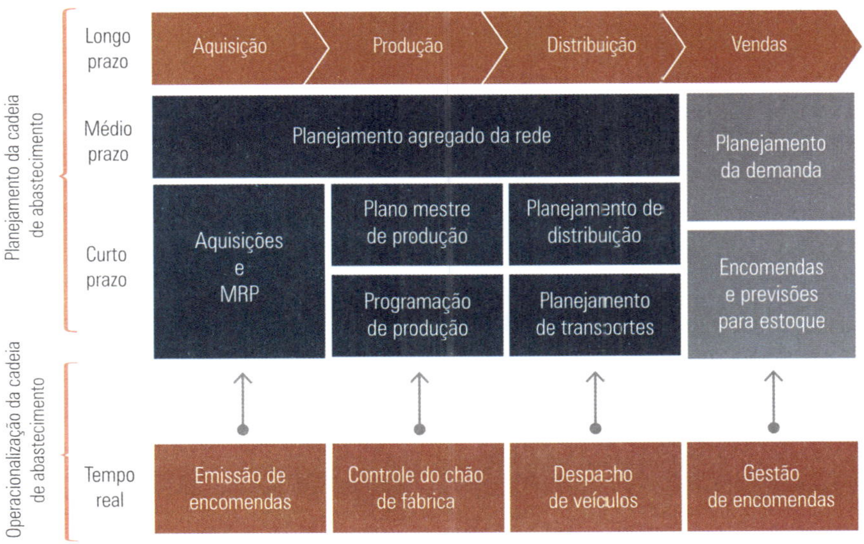

Fonte: adaptado de Meyr, Wagner e Rohde (2005, p. 114).

A vantagem dos sistemas APS sobre os ERP é que, enquanto estes fazem programações somente para trás, isto é, a partir de previsões de demandas que se refletem no planejamento mestre de produção e, consequentemente, nos planejamentos de níveis inferiores, nos APS os fluxos de informações são bidirecionais, pois as modificações podem ser feitas também com programações para a frente, fazendo com que modificações em planejamentos de níveis inferiores se reflitam no planejamento mestre, levando-o a alterar os seus planos, caso, por exemplo, de uma modificação no planejamento de aquisições, que pode alterar o plano mestre.

A consolidação da informação proveniente de diversas áreas funcionais da empresa otimiza os fluxos de estoque, melhorando as funcionalidades das cadeias de abastecimento. Processos colaborativos entre as empresas da cadeia de abastecimento são utilizados na consolidação da informação; entre eles há o CPFR, desenvolvido pela Voluntary Industry Commerce Standards Association (VICS) e definido como uma prática comercial que combina a inteligência de vários parceiros no planejamento e na realização da demanda de clientes (ANDRASKI *et al.*, 2004). O CPFR pressupõe que as empresas parceiras sincronizem seus dados e estabeleçam padrões de troca de informações.

A colaboração expressa no sistema CPFR combina produtores e distribuidores, podendo consolidar-se na realização conjunta de várias atividades (CHOPRA; MEINDL, 2003):

- Estratégia e planejamento: os parceiros determinam o escopo da colaboração e atribuem papéis, responsabilidades e pontos de verificação claros.
- Gestão de demanda e oferta: uma previsão de vendas colaborativa projeta a melhor estimativa dos parceiros sobre a demanda do cliente no ponto de venda.
- Execução: à medida que as previsões se tornam sólidas, elas são convertidas em pedidos reais.

- Análise: as principais tarefas de análise focalizam a identificação de exceções e a avaliação das métricas usadas para avaliar o desempenho ou identificar tendências, como a constatação de uma lacuna entre as previsões feitas pelas duas empresas, refletindo-se em faltas ou excesso de estoques.

Exemplos de práticas colaborativas de CPFR são as de colaboração entre fabricantes e varejistas em eventos promocionais, em reposições de estoques com processos de cross-docking e remessas diretas do fabricante ao ponto de venda ou mesmo em planejamentos de sortimento e de *merchandising*.

O processo de CPFR, embora não dependa de tecnologia, deve ser escalável e estar integrado aos sistemas empresariais de suporte à cadeia de abastecimentos, pois, ao facilitar o compartilhamento de informações, pode avaliar condições excepcionais, antecipando correções no fluxo de produtos com reflexo nas operações de produção, armazenamento e comercialização.

1.1 Sistemas de informação utilizados em armazenagem

Os armazéns estão presentes em todas as etapas da cadeia de suprimento, atuando como ponto de redistribuição de produtos e garantindo fluidez ao sistema logístico. O advento das novas tecnologias de informação e comunicação e a busca pela otimização de eficiência levou ao desenvolvimento de sistemas de gestão de armazéns, que objetivam otimizar as operações de manuseio e armazenamento de materiais dentro de um armazém por meio de softwares, como o WMS (warehouse management system), que "contempla de forma eletrônica toda a movimentação e agilidade das cargas, do recebimento, da armazenagem e da posterior expedição" (TADEU, 2016, p. 254).

O WMS otimiza a eficiência da gestão da armazenagem, utilizando sistemas de automação apoiados em processos de identificação automática de produtos do tipo RFID (radiofrequency identification) e mesmo em sistemas de codificação (EAN). Os sistemas WMS podem também fornecer dados referentes aos destinatários e à localização e configurações específicas dos itens em estoque. Algumas características dos sistemas WMS que colaboram para a maximização da rentabilidade empresarial são:

- Diminuição do custo operacional pela redução de operadores envolvidos nos processos de armazenagem.
- Otimização de espaços físicos de armazenagem, pela aplicação do sistema de armazenamento em lacuna, no qual atribui-se para cada referência uma localização variável, dependendo dos espaços que estão disponíveis, o que permite diminuir a área de armazenagem.
- Redução das distâncias percorridas pelos operadores em operações de arrumação e de picking, pelo ajuste automático de leiautes.
- Agilidade na localização de produtos armazenados.
- Controle efetivo e contínuo do inventário.

Os sistemas WMS utilizam padrões de controle de acordo com as necessidades de armazenagem, e, quando integrados a outras tecnologias de leitura, transporte e controle, promovem mais velocidade, controle e segurança nas operações de armazenagem (SELEME; PAULA, 2019). A utilização de sistemas de informação em gestão de armazenagem deve conciliar a gestão de recursos físicos e financeiros simultaneamente e garantir o cumprimento dos níveis de serviço.

1.2 Avaliação de desempenho

Sem medição do desempenho não há como gerenciar o dia a dia das atividades empresariais nem controlar globalmente os resultados da empresa. A medição de desempenho feita por KPIs (key performance indicators) quantifica características (requisitos, atributos, especificações ou condições do entorno) com relação a um produto, serviço ou processo; também é utilizada para controlar os resultados das operações ao longo do tempo, e, como tal, não deve ser realizada de forma circunstancial, pontual ou isolada, pois pode levar a decisões equivocadas.

IMPORTANTE

Segundo o glossário do CSCMP (2013), um KPI é qualquer medida de importância estratégica para uma empresa. Por exemplo: uma métrica de flexibilidade da cadeia de abastecimento é o desempenho de entrega no prazo do fornecedor, que indica a porcentagem de pedidos que são atendidos pontualmente ou antes da data original solicitada.

O objetivo de qualquer sistema de medição deve ser o de motivar todos os executivos e funcionários a implementar com sucesso a estratégia da sua unidade de negócios, que deve estar alinhada à estratégia da empresa. Por isso, os projetos que traduzem a estratégia em planos de ação (figura 4) precisam ser monitorados de forma a assegurar sua eficiência.

Figura 4 – Relação entre indicadores de desempenho e estratégia empresarial

Fonte: adaptado de Dornier *et al.* (2011, p. 630).

Cabe aos indicadores de desempenho (ou KPIs), ferramentas-chave do sistema de controle logístico, orientar ações e decisões coerentes com a estratégia, levando em conta os seguintes atributos de desempenho de operações, os quais, em maior ou menor extensão, afetarão a satisfação do cliente e a competitividade do negócio (SLACK *et al.*, 2013):

- Custo: capacidade de operar com bens ou serviços ao menor custo possível.
- Confiabilidade: capacidade de gerar bens ou serviços que satisfaçam ou excedam as expectativas dos clientes.
- Qualidade: capacidade de fornecer bens ou serviços adequados ao seu propósito.
- Flexibilidade: capacidade de adaptar operações para enfrentamento de circunstâncias inesperadas.
- Velocidade: capacidade de minimizar o tempo entre os pedidos e as entregas.

Embora a importância dos atributos de desempenho dependa da forma como a empresa compete no mercado e do nível de serviço oferecido, na avaliação do desempenho das operações de armazenagem todos esses atributos devem ser considerados; por exemplo:

- Custo operacional: projetando leiautes que minimizem os deslocamentos dos operadores.
- Confiabilidade: entregando os produtos nas condições exigidas e preservando características durante o período de armazenagem.
- Qualidade: fornecendo exatamente os produtos adquiridos, de acordo com as solicitações.
- Produtividade e flexibilidade: ajustando processos a demandas específicas ou a mudanças ambientais não previstas.
- Velocidade: agilizando operações.

A inter-relação entre esses objetivos (por exemplo, custo *versus* flexibilidade, ou qualidade *versus* velocidade) realça a importância de se definirem métricas que identifiquem a tendência na evolução de cada objetivo, isto é, os indicadores de desempenho que orientem os gestores no processo decisório.

2 Determinação de indicadores de desempenho

Os indicadores de desempenho devem estar baseados numa série de relações causa-efeito correlacionadas. Normalmente são divididos em dois grupos:

- Indicadores de resultados genéricos para qualquer negócio; por exemplo: retorno do capital investido; índice de acidentes de trabalho, etc.
- Vetores de desempenho (indicadores de tendências) que dependem do negócio que está sendo analisado; por exemplo, otimização do espaço disponível no meio de transporte, pontualidade de entrega, etc.

Em processos de armazenagem, os indicadores de desempenho relacionam-se diretamente com o desempenho logístico, mas não somente com as operações internas ao armazém; também relacionam-se com as operações a montante e à jusante da armazenagem. Como expresso no quadro 2, os indicadores podem ser classificados em função do objetivo que se pretende com a sua utilização.

Quadro 2 – Tipos de indicadores

RESULTADOS OPERACIONAIS: PORCENTAGEM DE ENCOMENDAS ENTREGUES EM ESTADO PERFEITO
Produto exato entregue da primeira vez
Quantidade entregue de acordo com o encomendado

(cont.)

DIAGNÓSTICO: NÚMERO E PERCENTUAL DE PEDIDOS INCOMPLETOS ENTREGUES COM DIVERGÊNCIAS
Erro na entrada de pedidos
Produtos não produzidos por falta de estoque
Produtos produzidos em menor quantidade que a solicitada
Embarque em quantidade menor/maior/item incorreto
Não foi possível localizar o produto no armazém
Espaço insuficiente no meio de transporte
Falta de produto na recepção pelo cliente
Falta de rotulagem/contagem deficiente
Substituição de produto não autorizada
Embarque incorreto
IMPACTO: CUSTO DE ESTOQUES
Estoque não disponibilizado aos clientes
Acuracidade de estoque
Estoque vencido
Giro de estoque
Excessos de estoques

Alguns desses exemplos de indicadores utilizados em gestão de estoques permitem ao gestor corrigir processos de forma a otimizar os estoques, garantindo os níveis de serviço, como os expressos no quadro 3, relacionados com os atributos que se pretende monitorar.

Quadro 3 – Exemplos de atributos e indicadores de desempenho utilizados em gestão de armazenagem

ATRIBUTO	DEFINIÇÃO	INDICADORES DE DESEMPENHO
Confiabilidade	Desempenho da cadeia de abastecimento nas entregas avaliado pela qualidade da entrega.	Delivery performance Distribution fill rates (DRF) Perfect order fullfilment
Velocidade (capacidade de resposta)	Velocidade com que a cadeia de abastecimento entrega os produtos aos clientes.	Order fullfilment lead time (OFLT)
Flexibilização	Agilidade da cadeia de abastecimento na resposta às mudanças de mercado de forma a ganhar ou manter vantagens competitivas.	Supply chain response time
Custo	Custos associados ao transporte de mercadorias.	Freight cost per unit shipped
Qualidade	A eficiência de uma organização em gerenciar os ativos que contribuem para satisfazer as demandas.	Índice de reclamações

Definições e exemplos de indicadores:

- Delivery performance: nível de serviço oferecido pela empresa ou a forma como a empresa atende às expectativas dos seus clientes. Exemplo: porcentagem de reclamações relativamente ao número de entregas.
- Distribution fill rate: desempenho da distribuição medida como a porcentagem do total encomendado com relação ao total enviado. Exemplo: porcentagem do número de volumes enviados no primeiro embarque em relação ao número de volumes encomendados.
- Perfect order fullfilment: pedidos entregues no local certo, com o produto certo, na hora certa, na condição certa, no pacote certo, na

quantidade certa, com a documentação certa, para o cliente certo e com a fatura correta. Exemplo: porcentagem de pedidos entregues nas condições referidas em relação ao total de pedidos entregues.

- Order fullfilment lead time: prazo para satisfazer por completo a encomenda do cliente. Exemplo: porcentagem de pedidos completos satisfeitos no prazo relativamente ao número total de pedidos.
- Supply chain response time: tempo de resposta que uma cadeia de fornecimento leva para responder a um aumento de 20% de demanda não planejada. Este indicador é representado por uma medida contínua definida como a quantidade de tempo.
- Freight cost per unit shipped: custo do frete por unidade expedida. Deve ser calculado por modal de transporte e por condição de venda. Exemplo: custo total de transporte de determinada mercadoria, ao longo de um ano, por tonelada transportada.
- Índice de reclamações: número de reclamações em relação ao número total de operações. Este indicador é medido em porcentagem.

Quando uma empresa implementa um sistema de indicadores de desempenho, ela tem como objetivo melhorar o seu desempenho e dinamizar o processo de melhoria contínua. A falta de indicadores de desempenho ou a não definição destes leva as empresas a subotimizar a estratégia logística, enfatizando a otimização de um processo à custa de outros (CARVALHO; CARVALHO, 2001). Para medir o desempenho do sistema logístico, é necessário ter como referência os indicadores genéricos de resultados que a empresa utiliza como um todo, para assim selecionar um número limitado de indicadores de desempenho logístico, alinhados aos objetivos estratégicos empresariais.

Os indicadores de desempenho auxiliam a gestão a relacionar de forma mais clara e racional a posição competitiva do seu negócio com os objetivos das operações; por isso, as empresas devem selecionar aqueles indicadores que melhor se adaptam ao seu negócio e que são mais fáceis de aplicar, visto que medições feitas por indicadores complexos nem sempre são eficientes.

Considerações finais

Neste capítulo foram abordados alguns dos sistemas de informação mais utilizados nas cadeias de suprimentos e a importância da medição do desempenho na condução das operações. Com a evolução tecnológica e com a colaboração cada vez mais intensa entre empresas e redes de empresas, novos sistemas de informação logística foram criados para adaptar processos aos cenários mercadológicos que passaram a enquadrar as operações empresariais. Foi também realçada a importância da utilização de medidas de desempenho que estejam alinhadas aos processos e à estratégia empresarial; isto é, tendo presente qual a estratégia da empresa, devem ser definidos indicadores agregados ao nível da gestão, para depois serem designados indicadores que medem resultados de processos individualizados. Também foi dada especial atenção ao processo de armazenagem, que integra todas as etapas das cadeias de suprimento e tem função reguladora de fluxos de materiais, estando presente em todos os sistemas de informação logística. O sucesso da gestão da armazenagem depende da utilização de sistemas informacionais e de processos colaborativos que garantam a fluidez da informação.

Referências

ANDRASKI, J. *et al.* (org.). Collaborative planning, forecasting and replenishment. **Voluntary Interindustry Commerce Standards (VICS)**, 18 maio 2004. Disponível em: https://www.gs1us.org/DesktopModules/Bring2mind/DMX/Download.aspx?Command=Core_Download&EntryId=492. Acesso em: 1º mar. 2021.

BOWERSOX, D. J.; CLOSS, D. J. **Logística empresarial**: o processo de integração da cadeia de suprimento. São Paulo: Atlas, 2001.

CARVALHO, J. C.; CARVALHO, V. **Auditoria logística**: medir para gerir. Lisboa: Sílabo, 2001.

CHOPRA, S.; MEINDL, P. **Gerenciamento da cadeia de suprimentos**. São Paulo: Prentice Hall, 2003.

CHRISTOPHER, M. **Logística e gerenciamento da cadeia de suprimentos**. São Paulo: Cengage Learning, 2010.

COUNCIL OF SUPPLY CHAIN MANAGEMENT PROFESSIONALS (CSCMP). **CSCMP supply chain management definitions and glossary**. 2013. Disponível em: https://cscmp.org/CSCMP/Educate/SCM_Definitions_and_Glossary_of_Terms.aspx. Acesso em: 1º mar. 2021.

DENNIS, P. **Produção lean simplificada**: um guia para entender o sistema de produção mais poderoso do mundo. Porto Alegre: Bookman, 2008.

DORNIER, P. P. *et al*. **Logística e operações globais**: texto e casos. São Paulo: Atlas, 2011.

JAIN, V.; WADHWA, S.; DSESHMUKH, S. G. Revisiting information systems to support a dynamic supply chain: issues and perspectives. **Production Planning & Control**, v. 20, p. 17-19, 2009.

MEYR, H.; WAGNER, M.; ROHDE, J. Structure of advanced planning systems. *In*: STADLER, H.; KILGER, C. **Supply chain management and advanced planning**. Berlin: Springer, 2005.

SELEME, R.; PAULA, A. **Logística**: armazenagem e materiais. Curitiba: Intersaberes, 2019.

SLACK, N. S. *et al*. **Gerenciamento de operações e processos**. 2. ed. Porto Alegre: Bookman, 2013.

TADEU, H. F. **Gestão de estoques**. São Paulo: Cengage Learning, 2016.

TAYLOR, D. **Logística na cadeia de suprimentos**: uma perspectiva gerencial. São Paulo: Pearson, 2005.